TÄIELIK KARBADE KOKARAAMAT

Merest taldrikuni: kõikehõlmav karpide seiklus

Marika Kaasik

Autoriõigus materjal ©2024

Kõik õigused kaitstud

Ühtegi selle raamatu osa ei tohi mingil kujul ega vahenditega kasutada ega edastada ilma kirjastaja ja autoriõiguse omaniku nõuetekohase kirjaliku nõusolekuta, välja arvatud ülevaates kasutatud lühikesed tsitaadid. Seda raamatut ei tohiks pidada meditsiiniliste, juriidiliste või muude professionaalsete nõuannete asendajaks.

SISUKORD _

SISUKORD _ 3
SISSEJUHATUS 7
HOOMAAR 8
   1. Homaar Benedict 9
   2. Homaari omlett 11
   3. Homaari ja avokaado röstsai 13
   4. Homaari hommikusöök Burrito 15
   5. Homaari ja spinati Omlett 17
   6. Maisikrepid ja homaari virn 19
   7. Homaari vahvlid 22
   8. Homaar salatiga täidetud munad 25
   9. Homaari ja krabi ravioolid 27
   10. Homaari fritüürid 30
   11. Homaari fondüü dip 32
   12. Homaar Nachos 34
   13. Surfamine ja muruvarras 36
   14. Homaar Ceviche 38
   15. Homaari vorst 40
   16. Homaari saba grillitud troopiliste puuviljadega 42
   17. Homaari potipirukas 44
   18. Homaari rull 46
   19. Krabi ja homaari grilljuust 48
   20. Homaar Newburg 50
   21. Kurkum Homaar Thermidor kastmes 52
   22. Puuahju homaari sabad 54
   23. Kantoni homaar 56
   24. Tsitrusviljadega võiga kaetud homaari sabad 58
   25. Must litši tee suitsutatud homaar 60
   26. Karri homaari risoto 62
   27. Lobster Mac ja juust 65
   28. Homaari ja krevettide lasanje 68

29. Homaari nuudli pajaroog 71
30. Mereandide pasta pajaroog 74
31. Kikilipsupasta homaari ja artišokkidega 76
32. Karpide ravioolid safranipuljongis 78
33. Hiina homaarihautis _ 81
34. Homaari-tomativisk 84
35. Nööbi seened ja homaar 86
36. Homaari ja mango salat 88
37. Homaari Caesari salat 90
38. Homaari šifonaad 92
39. Homaari tabbouleh basiilikuga 94

KRELETID 97

40. Bouillabaisse hammustab 98
41. Linguine ja krevetid Scampi 100
42. Krevetid a la Plancha safrani allioli röstsaiadega 102
43. Bombay merikuradi 105
44. Kana, krevetid ja chorizo paella 107
45. Piparmündised krevetihammustused 110
46. Kiivid ja S krevetid 112
47. Ürditud kitsejuust ja prosciutto krevetid 114
48. Gnocchetti krevettide ja pestoga 116
49. Acadia popkorn 119
50. Õunaglasuuriga mereannivardad 121
51. Krevettide spinati salatid 123
52. Kreveti suflee 125
53. Ceviche Peruano 127
54. Cheddari fondüü tomatikastmega 129
55. Vürtsikas krevettide ja juustu dipikaste 131
56. Part Gumbo 133
57. Pardi karri ananassiga 136
58. BBQ pardi karri litšidega 139
59. Grillitud karpide ceviche 142
60. Suvikõrvitsa kevadrullikausid 144
61. Kinoa ja krevettide salat 146
62. Pohmelli krevetid 148
63. Pinwheel krevetirullid 150

64. Pasta juustupesto krevettide ja seentega 153
65. Juustupesto krevetid pastaga 155

KRAB **157**

66. Krabi muffinid 158
67. Krabi tortid 160
68. Mereandide dip 162

AUSTRID **164**

69. Austrikroketid 165
70. Austri ja tomati bruschetta 167
71. Austrite sushirullid 169
72. Austri ja sinihallitusjuust Crostini 171
73. Cajun praetud krevetid ja austrid 173
74. Praetud austrid 175
75. Auster ja habanero ceviche 177
76. Peekoni-austri hammustused 179
77. Austrid ja kaaviar 181
78. Austrite kevadrullid 183
79. Tempura praetud austrid 185
80. Klassikalised austrid Rockefeller 188
81. Oyster Laskurid 190
82. Austri ja peekoni pakitud eelroad 192
83. Vürtsikas austrite dip 194
84. Austri ja kurgi suupisted 196
85. Austri ja mango kaste tostadas 198
86. Auster ja Pesto Crostini 200
87. Austri ja peekoni Jalapeño Poppers 202
88. Austri ja mango guacamole 204
89. Austri- ja kitsejuustutäidisega seened 206

MEREKARPS **208**

90. Merekarp dip 209
91. Küpsetatud täidetud karbid 211
92. Konserveeritud merekarbi fritüürid 213
93. Karbid pallid 215

KAMMKARP **217**

94. Lahe kammkarp ceviche 218
95. Bourboni-peekoni kammkarbid 220
96. Karamelliseeritud merikammkarbid 222

VÄHID 224

97. Cajuni stiilis vähikeetmine 225
98. Küüslauguvõi vähid 227
99. Vähipasta 229
100. Vähi Etouffee 231

KOKKUVÕTE 233

SISSEJUHATUS

Tere tulemast " Täielik Karbade Kokaraamat" -sse, mis on teie põhjalik juhend karpide seiklusest, mis viib teid merest taldrikule. See kokaraamat tähistab karpide mitmekülgset ja nauditavat maailma, kutsudes teid avastama ookeanide rikkalikkust ja looma kulinaarseid meistriteoseid, mis tutvustavad nende veealuste aarete rikkalikke maitseid. Liituge meiega teekonnal, mis ületab tuttavat, võimaldades teil maitsta merehõrgutisi mitmel põneval ja maitsval viisil.

Kujutage ette lauda, mida kaunistavad vaagnad mahlakate austrite, täiuslikult grillitud krevettide ja dekadentsete homaariroogadega – kõik on asjatundlikult valmistatud, et rõhutada iga karpide sordi ainulaadseid omadusi. " Täielik Karbade Kokaraamat " on midagi enamat kui lihtsalt retseptide kogum; see on karpide pakutavate tehnikate, maitsete ja kulinaarsete võimaluste uurimine. Olenemata sellest, kas olete mereandide entusiast või soovite oma kulinaarset silmaringi laiendada, on need retseptid loodud selleks, et inspireerida teid looma meeldejäävaid ja suussulavaid roogasid merest pärit aaretega.

Alates klassikalistest preparaatidest kuni uuenduslike keerdkäikudeni karpide lemmikute osas – iga retsept tähistab soolaseid, magusaid ja soolaseid maitseid, mis iseloomustavad neid ookeanirõõme. Olenemata sellest, kas korraldate mereandide pidusööki või naudite kodus vaikset einet, see kokaraamat on teie jaoks parim ressurss karpide valmistamise kunsti valdamiseks.

Liituge meiega, kui sukeldume ookeanisügavustesse, kus iga looming annab tunnistust karpide mitmekesisest ja nauditavast maailmast. Niisiis, pange põll selga, võtke omaks mere värskus ja asume maitsekale teekonnale läbi " Täielik Karbade Kokaraamat ".

HOOMAAR

1.Homaar Benedict

KOOSTISOSAD:
- 1 homaari saba, keedetud ja kuubikuteks lõigatud
- 2 inglise muffinit, poolitatud ja röstitud
- 4 muna
- ½ tassi hollandi kastet
- Sool ja pipar maitse järgi
- Kaunistuseks värske murulauk

JUHISED:
a) Vahusta väikeses kausis munad ning maitsesta soola ja pipraga.
b) Kuumuta mittenakkuva pann keskmisel kuumusel ja sulata veidi võid. Valage lahtiklopitud munad pannile ja vahustage kuni soovitud küpsusastmeni.
c) Vahepeal soojendage kuubikuteks lõigatud homaari liha eraldi pannil.
d) Kokkupanemiseks aseta taldrikule röstitud inglise muffinipool, tõsta peale munapuder ja seejärel soojendatud homaariliha.
e) Nirista homaarile hollandi kastet ja kaunista värske murulauguga.
f) Korrake ülejäänud inglise muffinipoolikute puhul.
g) Serveeri kohe.

2.Homaari omlett

KOOSTISOSAD:
- 1 homaari saba, keedetud ja kuubikuteks lõigatud
- 4 muna
- ¼ tassi kuubikuteks lõigatud paprikat
- ¼ tassi tükeldatud sibulat
- ¼ tassi hakitud Cheddari juustu
- Sool ja pipar maitse järgi
- Kaunistuseks värske petersell

JUHISED:
a) Klopi kausis lahti munad ning maitsesta soola ja pipraga.
b) Kuumuta mittenakkuva pann keskmisel kuumusel ja lisa veidi õli või võid.
c) Prae kuubikuteks lõigatud paprikat ja sibulat, kuni need muutuvad pehmeks.
d) Valage lahtiklopitud munad pannile ja keerake need ühtlaseks laiali.
e) Küpseta, kuni servad hakkavad tahenema, seejärel puista poole omletti peale tükeldatud homaari ja riivitud Cheddari juustu.
f) Voldi teine pool omletti täidise peale.
g) Jätkake küpsetamist, kuni munad on täielikult hangunud ja juust sulanud.
h) Libista omlett taldrikule ja kaunista värske peterselliga.

3.Homaari ja avokaado röstsai

KOOSTISOSAD:
- 1 homaari saba, keedetud ja kuubikuteks lõigatud
- 2 viilu leiba, röstitud
- 1 küps avokaado, viilutatud
- ½ sidruni mahl
- Sool ja pipar maitse järgi
- Punase pipra helbed (valikuline)
- Kaunistuseks värske koriander

JUHISED:
a) Püreesta avokaado väikeses kausis sidrunimahla, soola ja pipraga.
b) Laota püreestatud avokaado ühtlaselt röstitud saiaviiludele.
c) Katke iga viil tükeldatud homaarilihaga.
d) Soovi korral puista peale punase pipra helbeid ja kaunista värske koriandriga.
e) Serveeri kohe.

4.Homaari hommikusöök Burrito

KOOSTISOSAD:
- 1 homaari saba, keedetud ja kuubikuteks lõigatud
- 4 suurt muna
- ¼ tassi kuubikuteks lõigatud tomateid
- ¼ tassi tükeldatud sibulat
- ¼ tassi hakitud Monterey Jacki juustu
- Sool ja pipar maitse järgi
- Jahutortillad
- Serveerimiseks kaste ja hapukoor

JUHISED:
a) Klopi kausis lahti munad ning maitsesta soola ja pipraga.
b) Kuumuta mittenakkuva pann keskmisel kuumusel ja lisa veidi õli või võid.
c) Prae kuubikuteks lõigatud tomateid ja sibulaid, kuni need pehmenevad.
d) Valage lahtiklopitud munad pannile ja vahustage, kuni need on keedetud.
e) Lisa pannile tükeldatud homaariliha ja hakitud Monterey Jacki juust, sega, kuni juust sulab.
f) Soojendage jahutortiljad eraldi pannil või mikrolaineahjus.
g) Tõsta lusikaga homaari- ja munasegu igale tortillale, murra küljed sisse ja keera tihedalt kokku.
h) Serveeri hommikusöögi burritod koos kaste ja hapukoorega.

5.Homaari ja spinati Omlett

KOOSTISOSAD:
- 1 homaari saba, keedetud ja kuubikuteks lõigatud
- 6 suurt muna
- 1 tass värskeid spinati lehti
- ¼ tassi tükeldatud sibulat
- ¼ tassi kuubikuteks lõigatud punast paprikat
- ¼ tassi riivitud parmesani juustu
- Soolja pipar maitse järgi
- Kaunistuseks värsked basiilikulehed

JUHISED:
a) Kuumuta ahi temperatuurini 350 °F (175 °C).
b) Klopi kausis lahti munad ning maitsesta soola ja pipraga.
c) Kuumuta ahjukindel pann keskmisel kuumusel ja lisa veidi õli või võid.
d) Prae kuubikuteks lõigatud sibulat ja punast paprikat, kuni need muutuvad pehmeks.
e) Lisa pannile värsked spinatilehed ja küpseta, kuni need närbuvad.
f) Valage lahtiklopitud munad pannile, võimaldades neil täita köögiviljadevahelised ruumid.
g) Lisa kuubikuteks lõigatud homaari liha ühtlaselt kogu Omlett peale.
h) Puista peale riivitud Parmesani juust.
i) Tõsta pann eelsoojendatud ahju ja küpseta umbes 15-20 minutit või kuni Omlett on tahenenud ning juust sulanud ja kergelt pruunistunud.
j) Võta ahjust välja ja lase enne viilutamist veidi jahtuda.
k) Kaunista värskete basiilikulehtedega ja serveeri soojalt.

6.Maisikrepid ja homaari virn

KOOSTISOSAD:
MAISI KREPIDE KOHTA:
- 1 tass maisiterad (värsked või külmutatud)
- 1 tass universaalset jahu
- 1 tass piima
- 2 suurt muna
- 2 spl sulatatud võid
- ½ tl soola
- Küpsetussprei või lisavõi panni määrimiseks

HOOMAARI TÄIDISE KOHTA:
- 2 homaari saba, keedetud ja liha eemaldatud
- ¼ tassi majoneesi
- 1 spl sidrunimahla
- 1 spl hakitud värsket murulauku
- Sool ja pipar maitse järgi

KOOSTAMISEKS JA GARNISEERIMISEKS:
- Segatud salatiroheline
- Sidruni viilud
- Värske murulauk või petersell (kaunistuseks)

JUHISED:
a) Sega segistis või köögikombainis omavahel maisiterad, jahu, piim, munad, sulatatud või ja sool. Blenderda kuni saad ühtlase taigna. Lase taignal umbes 10 minutit puhata.
b) Kuumutage mittenakkuvat panni või krepipanni keskmisel kuumusel. Määri pann kergelt küpsetussprei või võiga.
c) Valage pannile umbes ¼ tassi maisikrepitainast ja keerake seda ringi, et põhi kataks ühtlaselt. Küpseta 1-2 minutit, kuni servad hakkavad kerkima ja põhi on kergelt kuldne. Keera krepp ümber ja küpseta veel 1-2 minutit.
d) Eemaldage krepp pannilt ja asetage see kõrvale. Korrake protsessi ülejäänud taignaga, tehes täiendavaid kreppe.
e) Sega kausis keedetud homaariliha, majonees, sidrunimahl, hakitud murulauk, sool ja pipar. Sega hästi, kuni homaari liha on kastmega kaetud.
f) Virna kokkupanemiseks aseta üks maisikrepp serveerimistaldrikule. Laota krepi peale ühtlaselt kiht homaaritäidist.
g) Vala peale teine krepp ja korda seda protsessi, kuni oled kõik krepid ja homaaritäidis ära kasutanud. Viimistle krepiga peal.
h) Kaunista virn segatud salatirohelistega, sidruniviilude ja värske murulaugu või petersilliga.
i) Lõika homaarivirn viiludeks ja serveeri pearoa või elegantse eelroana.

7.Homaari vahvlid

KOOSTISOSAD:
HOMAARI KOHTA:
- 2 homaari saba
- 2 spl võid
- Sool ja pipar maitse järgi

VAHVLITE KOHTA:
- 2 tassi universaalset jahu
- 2 tl küpsetuspulbrit
- ½ tl soola
- 2 supilusikatäit granuleeritud suhkrut
- 2 suurt muna
- 1 ½ tassi piima
- ⅓ tassi taimeõli
- Küpsetussprei või lisavõi vahvliraua määrimiseks

SERVERIMISEKS:
- Vahtra siirup
- Värske murulauk või petersell, hakitud (valikuline)

JUHISED:

a) Kuumuta ahi temperatuurini 375 ° F (190 ° C). Aseta homaari sabad ahjuplaadile ja pintselda sulavõiga. Maitsesta soola ja pipraga.

b) Küpseta homaari sabasid umbes 12–15 minutit või kuni liha on läbipaistmatu ja läbi küpsenud. Eemaldage need ahjust ja laske neil paar minutit jahtuda.

c) Kui homaari sabad on käsitsemiseks piisavalt jahedad, eemaldage liha kestadest ja tükeldage see suupärasteks tükkideks. Kõrvale panema.

d) Vahusta suures segamiskausis jahu, küpsetuspulber, sool ja suhkur.

e) Eraldi kausis klopi lahti munad. Lisa piim ja taimeõli ning vahusta ühtlaseks seguks.

f) Kalla märjad ained kuivainetega kaussi. Sega, kuni see on lihtsalt segunenud. Olge ettevaatlik, et mitte üle segada; paar tükki on korras.

g) Eelsoojendage vahvlirauda vastavalt selle juhistele. Määri triikraud kergelt keedusprei või võiga.

h) Valage vahvlitainas eelsoojendatud rauale, kasutades konkreetse vahvliraua jaoks soovitatud kogust. Sulgege kaas ja küpseta vahvleid, kuni need on kuldpruunid ja krõbedad.

i) Eemaldage küpsenud vahvlid triikrauast ja hoidke neid madalal kuumusel, kuni küpsetate ülejäänud vahvleid.

j) Kokkupanemiseks asetage vahvel taldrikule ja lisage sellele ohtralt tükeldatud homaariliha. Nirista üle vahtrasiirupiga ja puista peale soovi korral värsket murulauku või peterselli.

k) Serveeri homaarivahvleid kohe, kui need on soojad, ning naudi soolase homaari ja krõbedate vahvlite kombinatsiooni.

8. Homaar salatiga täidetud munad

KOOSTISOSAD:
- 6 kõvaks keedetud muna
- ½ naela keedetud homaariliha, tükeldatud
- ¼ tassi majoneesi
- 1 spl sidrunimahla
- 1 spl hakitud värsket murulauku
- ¼ teelusikatäit Dijoni sinepit
- Sool ja pipar maitse järgi
- Paprika (kaunistuseks)
- Värske murulauk (kaunistuseks)

JUHISED:
a) Lõika kõvaks keedetud munad pikuti pooleks. Eemaldage ettevaatlikult munakollased ja asetage need kaussi.
b) Purusta munakollased kahvliga puruks. Lisa kaussi tükeldatud homaariliha, majonees, sidrunimahl, hakitud murulauk, Dijoni sinep, sool ja pipar. Sega hästi, kuni kõik koostisosad on segunenud ja segu on kreemjas.
c) Tõsta lusikaga homaarisalati segu õõnestatud munavalgepoolikutesse, jagades see nende vahel ühtlaselt.
d) Puista igale täidetud munale veidi paprikat, et saada värvi ja maitset.
e) Kaunista iga täidetud muna väikese oksakese värske murulauguga.
f) Pane homaarisalatiga täidetud munad külmkappi vähemalt 30 minutiks, et maitsed saaksid kokku sulada.
g) Serveeri täidetud mune eelroana või suupistena jahutatult. Neid saab paigutada vaagnale või üksikutele serveerimistaldrikutele.

9.Homaari ja krabi ravioolid

KOOSTISOSAD:

PASTATAIGNA JAOKS:
- 2 tassi universaalset jahu
- 3 suurt muna
- ½ tl soola

TÄIDISEKS:
- ½ naela keedetud homaariliha, tükeldatud
- ½ naela keedetud krabiliha, tükeldatud
- ½ tassi ricotta juustu
- ¼ tassi riivitud parmesani juustu
- ¼ tassi hakitud värsket peterselli
- 2 spl hakitud šalottsibulat
- 2 küüslauguküünt, hakitud
- 1 spl sidrunimahla
- ½ tl soola
- ¼ tl musta pipart

KASTE:
- 4 spl soolata võid
- 2 küüslauguküünt, hakitud
- 1 spl hakitud värsket peterselli
- 1 spl sidrunimahla
- Sool ja pipar maitse järgi

JUHISED:

a) Valmistage pasta tainas, tehes puhtale tööpinnale jahu keskele süvend. Murra munad süvendisse ja lisa sool. Klopi kahvli abil lahti munad ja sega aeglaselt jahu, kuni moodustub tainas. Sõtku tainast umbes 5 minutit, kuni see on ühtlane ja elastne. Mähi see kilesse ja lase 30 minutit puhata.

b) Sega kausis tükeldatud homaariliha, krabiliha, ricotta juust, parmesani juust, hakitud petersell, šalottsibul, hakitud küüslauk, sidrunimahl, sool ja must pipar. Sega hästi, kuni kõik koostisosad on ühtlaselt segunenud. Kõrvale panema.

c) Jaga pastatainas neljaks osaks. Võtke üks portsjon ja katke ülejäänud osa, et vältida kuivamist. Rulli tainas pastamasina või tainarulli abil õhukeseks ja siledaks. Lõika tainas ristkülikukujulisteks lehtedeks, umbes 3x5 tolli.

d) Asetage iga pastalehe keskele lusikatäis homaari- ja krabitäidist. Pintselda lehe servad veega, seejärel voldi täidis peale, et tekiks ristkülik. Ravioolide tihendamiseks suru servad tugevasti kinni.

e) Kuumuta suur pott soolaga maitsestatud vett keema. Tõsta ravioolid ettevaatlikult keevasse vette ja keeda umbes 3-4 minutit või kuni need pinnale ujuvad. Eemaldage küpsenud ravioolid lusikaga ja tõstke need taldrikule.

f) Suurel pannil sulatage või keskmisel kuumusel. Lisage hakitud küüslauk ja küpseta, kuni see lõhnab, umbes 1 minut. Sega juurde hakitud petersell ja sidrunimahl. Maitsesta soola ja pipraga maitse järgi.

g) Asetage keedetud ravioolid koos kastmega pannile ja viskage neid õrnalt ühtlaseks kattumiseks. Küpseta veel minut aega, et maitsed seguneksid.

h) Serveeri homaari- ja krabiravioolid kuumalt, soovi korral lisa Parmesani juustu ja värske peterselliga.

10. Homaari fritüürid

KOOSTISOSAD:
- 1 tass tükeldatud homaari
- 2 muna
- ½ tassi piima
- 1¼ tassi jahu
- 2 tl Küpsetuspulbrit
- Sool ja pipar maitse järgi

JUHISED:

a) Kuumuta sügavat rasva, kuni leivakuubik pruunistub kuuekümne sekundiga. Kui rasv soojeneb, klopi munad heledaks.

b) Lisage küpsetuspulbri, soola ja pipraga sõelutud piim ja jahu ning seejärel segage tükeldatud homaar.

c) Tõsta väikeste lusikate kaupa rasva sisse ja prae kuldpruuniks. Nõruta pruunil paberil soojas ahjus.

d) Serveeri kiire sidrunikastmega.

11.Homaari fondüü dip

KOOSTISOSAD:
- 2 supilusikatäit võid või margariini
- 2 tassi riivitud Cheddari juustu
- ¼ teelusikatäit punase pipra kastet
- ⅓ tassi kuiva valget veini
- 5 untsi homaari lõigatud väikesteks tükkideks

JUHISED:
a) Sulata pannil madalal kuumusel või. Lisage järk-järgult ja segage juust, kuni juust on sulanud.

b) Lisa punase pipra kaste; lisa aeglaselt vein, sega, kuni segu on ühtlane. Lisa homaar; sega kuni kuumutamiseni.

12.Homaar Nachos

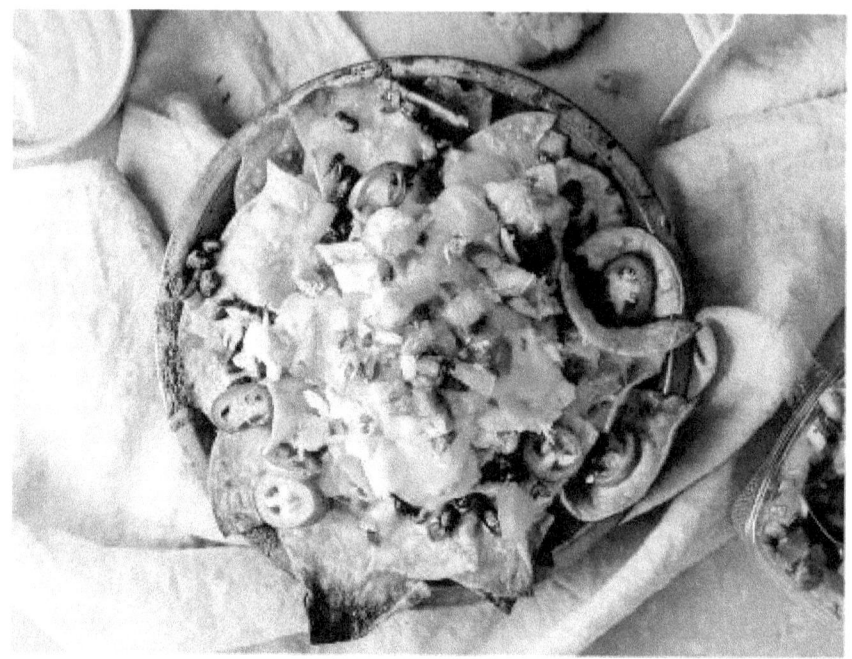

KOOSTISOSAD:
- 1-naelne keedetud homaariliha, tükeldatud
- 1 spl võid
- 1 spl jahu
- 1 tass piima
- Sool ja pipar
- Tortilla krõpsud
- 1 tass hakitud Monterey Jacki juustu
- Hakitud värske petersell

JUHISED

a) Kuumuta ahi temperatuurini 350 °F.

b) Sulata kastrulis keskmisel kuumusel või ja vispelda hulka jahu. Küpseta 1-2 minutit.

c) Vahusta piim järk-järgult ühtlaseks massiks. Maitsesta soola ja pipraga.

d) Laota tortillakrõpsud ahjuplaadile ning tõsta peale tükeldatud homaariliha ja riivitud juust.

e) Vala kaste nachodele ja küpseta ahjus 8-10 minutit või kuni juust on sulanud ja mullitav.

f) Kaunista hakitud peterselliga.

13. Surfamine ja muruvarras

KOOSTISOSAD:
- 1 nael homaari (eelküpsetatud ja aurutatud)
- 1 lb praad sisefilee (toores)
- punane pipar (toores)
- lõkkepulk

JUHISED:
a) Röstige lihtsalt tule kohal nagu vahukommi ja nautige kõigi aegade värskeimat mahlasemat surfi ja muru!

14. Homaar Ceviche

KOOSTISOSAD:
- 2 homaari saba
- 6 Roma tomatit
- ½ tükeldatud lillat sibulat
- 1 kuubikuteks lõigatud jalapeno
- 1 kurk tükeldatud
- 1 hunnik hakitud koriandrit
- 3 laimi mahla
- 1 tl soola
- 1 tl küüslaugu soola
- 1 tl tajini vürtsikat maitseainet
- ½ oma homaaripuljongist

JUHISED:

a) Alustage homaari sabade keetmisega keevas vees umbes 6 minutit.

b) Kastke kohe jäävanni. Jahtunult tükelda need peeneks. Säästa ½ tassi puljongit ja pane see sügavkülma jahtuma.

c) Alustage kõigi koostisosade kuubikuteks lõikamist ja lisage tükeldatud homaarile.

d) Pigista kõik laimid ceviche'ile,

e) Lisa maitseained ja homaaripuljong.

f) Kontrollige maitseaineid ja kohandage oma maitse järgi.

g) Serveeri tostada kestade, laastude või kreekeritega.

h) Võid katta värskete avokaadodega.

15. Homaari vorst

KOOSTISOSAD:
- 4 jala pikkused väikesed seakestad
- 1½ naela siiafilee, kuubikuteks
- ½ tl jahvatatud sinepiseemneid
- ½ tl Jahvatatud koriandrit
- 1 tl paprikat
- 1 tl sidrunimahla
- ½ tl valget pipart
- 1 muna, lahtiklopitud
- ½ naela Jämedalt tükeldatud homaariliha

JUHISED:
a) Valmistage ümbrised. Lükake kala köögikombainis 3-4 korda, kuni see on katki. Lisa sinep, koriander, paprika, sidrunimahl, pipar ja muna.
b) Töötle kuni segunemiseni. Pange segu segamisnõusse ja lisage homaari liha; sega hästi.
c) Täitke ümbrised ja keerake need 3–4-tollisteks linkideks.

16.Homaari saba grillitud troopiliste puuviljadega

KOOSTISOSAD:
- 4 bambusest või metallist varrast
- ¾ kuldne ananass, kooritud, puhastatud südamikust ja lõigatud 1-tollisteks viiludeks
- 2 banaani, kooritud ja lõigatud risti kaheksaks 1-tolliseks tükiks
- 1 mango, kooritud, kivideta ja 1-tollisteks kuubikuteks lõigatud
- 4 kivihomaari või suurt Maine'i homaari saba
- ¾ tassi magusat sojaglasuuri
- tassi võid, sulatatud
- 4 laimi viilu

JUHISED:
a) Kui grillid bambusvarrastega, siis leota neid vees vähemalt 30 minutit. Süütage grill otsese mõõduka kuumuse jaoks, umbes 350¼F.
b) Varraste vaheldumisi ananassi-, banaani- ja mangotükke varrastele, kasutades iga puuvilja kohta umbes 2 tükki.
c) Liblika homaari sabad, poolitades iga saba pikuti läbi ümara ülemise kesta ja liha, jättes lameda põhja kesta puutumata. Kui kest on väga kõva, kasutage ümara kesta lõikamiseks köögikääre ja liha lõikamiseks nuga.
d) Avage saba õrnalt, et liha paljastada.
e) Pintselda sojaglasuuriga kergelt puuviljavardad ja homaariliha. Pintselda grillrest ja määri õliga. Asetage homaari sabad, lihapool all, otse tulele ja grillige, kuni need on kaunilt märgistatud, 3–4 minutit. Suru sabad spaatli või tangidega grillrestile, et liha kõrbeks. Pöörake ja grillige, kuni liha on sojaglasuuriga üle pestud, kuni liha on täpselt tihke ja valge, veel 5–7 minutit.
f) Samal ajal grillige puuviljavardaid koos homaariga, kuni need on kaunilt märgistatud, umbes 3–4 minutit mõlemalt poolt.
g) Serveeri koos sulatatud või ja pigistamiseks laimiviiludega.

17.Homaari potipirukas

KOOSTISOSAD:
- 6 spl Võid
- 1 tass hakitud sibulat
- ½ tassi hakitud sellerit
- sool; maitsta
- Värskelt jahvatatud valge pipar; maitsta
- 6 spl Jahu
- 3 tassi mereande või kanapuljongit
- 1 tass piima
- 2 tassi kuubikuteks lõigatud kartulit; blanšeeritud
- 1 tass kuubikuteks lõigatud porgandit; blanšeeritud
- 1 tass magusaid herneid
- 1 tass kuubikuteks lõigatud küpsetatud sink
- 1 nael homaari liha; keedetud, kuubikuteks lõigatud
- ½ tassi vett
- ½ retseptiga pirukakoorik, rullitud panni suuruseks

JUHISED:

a) Kuumuta ahi 375 kraadini. Määri ristkülikukujuline klaasist ahjuvorm. Sulata suurel pannil või. Lisa sibul ja seller ning prae 2 minutit. Maitsesta soola ja pipraga.

b) Sega juurde jahu ja küpseta umbes 3–4 minutit, et saada blond roux. Sega juurde puljong ja aja vedelik keema.

c) Vähendage keemiseni ja jätkake küpsetamist 8–10 minutit või kuni kaste hakkab paksenema.

d) Sega juurde piim ja jätka keetmist 4 minutit. Maitsesta soola ja pipraga. Tõsta tulelt. Segage kartulid, porgandid, herned, sink ja homaar.

e) Maitsesta soola ja pipraga. Sega täidis korralikult läbi. Kui täidis on liiga paks, lisa täidise vedeldamiseks veidi vett. Vala täidis ettevalmistatud pannile. Aseta koorik täidise peale.

f) Tõstke kattuv koorik ettevaatlikult pannile, moodustades paksu serva. Suruge vormi servad kokku ja asetage küpsetusplaadile. Tehke terava noaga kooriku ülaosasse mitu pilu.

g) Asetage roog ahju ja küpsetage umbes 25–30 minutit või kuni koorik on kuldpruun ja krõbe.

h) Võta ahjust välja ja jahuta 5 minutit enne serveerimist.

18.Homaari rull

KOOSTISOSAD:
- 4 untsi keedetud ja tükeldatud homaariliha
- 1 kukkel täisterast hot dogi kukkel
- ¼ tassi tükeldatud sellerit
- ¼ tassi kuubikuteks lõigatud punast sibulat
- 1 supilusikatäis majoneesi
- 1 spl sidrunimahla
- värskelt jahvatatud musta pipart ja soola

JUHISED:
a) Segage segamiskausis keedetud ja kuubikuteks lõigatud homaari liha, tükeldatud seller ja kuubikuteks lõigatud punane sibul. Sega hästi, et koostisosad jaotuks ühtlaselt.
b) Vahusta eraldi väikeses kausis majonees, sidrunimahl, värskelt jahvatatud must pipar ja sool. Sellest saab homaarirulli kaste.
c) Valage kaste homaari segule ja segage õrnalt, kuni kõik koostisosad on kastmega kaetud. Maitsesta maitset vastavalt oma maitse-eelistustele.
d) Eelkuumuta pann või küpsetusplaat keskmisel kuumusel. Määrige täisterast hot dogi kukli väliskülg kergelt võiga.
e) Aseta võiga määritud kukkel pannile ja rösti, kuni see muutub pealt kuldpruuniks ja kergelt krõbedaks. See annab homaarirullile maitsva tekstuuri.
f) Kui kukkel on röstitud, eemaldage see pannilt ja avage see nagu hot dogi kukkel, luues tasku homaaritäidise jaoks.
g) Tõsta valmistatud homaarisegu lusikaga kuklisse, täites seda rikkalikult. Võite lisada ka salatilehte või muid soovitud lisandeid, näiteks viilutatud tomateid või avokaadot.
h) Serveerige homaarirull kohe ja nautige seda maitsvat mereanni.

19.Krabi ja homaari grilljuust

KOOSTISOSAD:
- ½ tassi keedetud homaariliha
- ½ tassi keedetud krabiliha
- 2 spl soolavõid, sulatatud
- 1 tl Old Bay maitseainet
- ½ tl hakitud küüslauku
- 4 viilu Texase röstsaia küüslauguleiba
- 4 paksu viilu teravat cheddari juustu
- 4 paksu viilu Havarti juustu

JUHISED:
a) Visake suures segamisnõus homaar, krabi, sulatatud või, Old Bay maitseaine ja küüslauk. Sega hästi, seejärel aseta kauss küljele.

b) Laota taldrikule kaks viilu Texase röstsaia ning tõsta mõlemale cheddari ja Havarti viil. Jaga mereandide segu pooleks ja lisa pool igale röstsaiaviilule. Tõsta mereannid peale ülejäänud juustu ja saiaviiludega.

c) Grillige võileivapressi või kuuma panniga võileiva mõlemat külge, kuni see on kuldpruun ja juust sulanud. Serveeri ja naudi!

20.Homaar Newburg

KOOSTISOSAD:
- 1 nael homaari liha, keedetud ja tükeldatud
- 4 spl soolata võid
- 4 spl universaalset jahu
- 1 tass piima
- ½ tassi rasket koort
- ¼ tassi kuiva šerrit
- ½ tl soola
- ¼ tl Cayenne'i pipart
- 4 munakollast, lahtiklopitud
- ¼ tassi hakitud peterselli

JUHISED:
a) Sulata või suures kastrulis keskmisel kuumusel.
b) Vispelda juurde jahu ja küpseta pidevalt segades 1-2 minutit.
c) Vispelda pidevalt segades vähehaaval juurde piim ja rõõsk koor, kuni segu on ühtlane.
d) Lisa šerri, sool ja cayenne'i pipar ning sega ühtlaseks.
e) Vispelda pidevalt segades vähehaaval juurde lahtiklopitud munakollased.
f) Keeda segu madalal kuumusel 3-4 minutit või kuni see pakseneb.
g) Sega juurde tükeldatud homaar ja petersell.
h) Serveeri kuumalt röstsaia kohal.

21.Kurkum Homaar Thermidor kastmes

KOOSTISOSAD:
- 3 supilusikatäit soolamata india pähkleid, leotatud 10 minutit
- 2 spl blanšeeritud mandleid
- 1 tl ingveri-küüslaugu pasta
- Serrano roheline tšilli, seemnetest ja hakitud
- 1 tass jogurtit, vahustatud
- 1½ naela keedetud homaariliha
- 2 tl valgeid seesamiseemneid
- 3 supilusikatäit puhastatud võid
- ½ tl punase tšilli pulbrit
- 2 supilusikatäit vees leotatud valgeid mooniseemneid
- ¼ teelusikatäit kurkumipulbrit
- 1 kaneelipulk
- 1 must kardemoni kaun, muljutud
- Lauasool, maitse järgi
- 1 tl sooja vürtsisegu
- 1 loorberileht
- nelk
- 1 roheline kardemoni kaun, muljutud

JUHISED:
a) Sega india pähklid, mooniseemned, mandlid ja seesamiseemned blenderis täpselt nii palju vett, et tekiks paks pasta. Asetage kõrvale.
b) Kuumuta pannil või.
c) Lisa kaneelipulk, musta kardemoni kaun, loorberileht, nelk ja roheline kardemoni kaun.
d) Lisage ingveri-küüslaugupasta, roheline tšilli ja pähklipasta, kui vürtsid hakkavad särisema.
e) Särisemise peatamiseks lisage 1 spl vett.
f) Lisage punase tšilli pulber, kurkum, jogurt, homaar, sool ja vürtsisegu.
g) Lisa homaar ja prae pidevalt segades, kuni homaar on põhjalikult kuumenenud.

22. Puuahju homaari sabad

KOOSTISOSAD:
- 2 homaari saba s
- 3 spl võid, sulatatud
- 1 tl soola
- 1 tl musta pipart
- 1 tl küüslaugupulbrit
- 1 tl paprikat
- 1 tl värsket peterselli, hakitud
- 1 tl sidrunimahla

JUHISED:
a) Lõigake puhaste kääride või köögikääridega piki kesta ülaosa keskosa sabauimede poole, tehes seda kindlasti sirgjooneliselt. Ärge lõigake läbi saba otsa.

b) Eralda lusikaga viljaliha koore kahelt küljelt, seejärel tõsta liha üles ja koorest välja.

c) Asetage liha õmbluse kohale, kus kaks kestat kokku puutuvad, seejärel vajutage koore kaks külge kokku.

d) Lõika homaariliha keskelt väike pilu, et õhuke lihakiht saaks üle servade maha kooruda. Nii saab homaari saba oma eripärase välimuse.

e) Segage väikeses kausis või, sool, pipar, küüslaugupulber, paprika, sidrunimahl ja petersell, seejärel pintseldage segu homaari lihale ühtlaselt.

a) Asetage homaari sabad malmpannile ja küpsetage puuahjus 12–15 minutit või kuni need on täielikult küpsed, kuid mitte kummised.

23.Kantoni homaar

KOOSTISOSAD:
- 1 naela homaari sabad
- 1 küüslauguküüs, hakitud
- 1 tl Fermenteeritud musti sojaube, loputatud ja nõrutatud
- 2 spl Õli
- ¼ naela sealiha jahvatatud
- 1 ½ tassi kuuma vett
- 1 ½ supilusikatäit sojakastet
- 1 tl MSG (valikuline)
- 2 supilusikatäit maisitärklist
- 2 supilusikatäit kuiva šerrit
- 1 muna
- 2 spl Vett

SERVEERIMA
- Koriandri oksad
- Rohelise sibula lokid
- Kuumalt keedetud Konjaci riis või lillkapsa riis

JUHISED:
a) Parimate tulemuste saamiseks selle atraktiivse Hiina roa valmistamisel küpseta homaaritükid nii kiiresti kui võimalik. Kastmele lisatud lahtiklopitud muna muudab selle rammusamaks ja kreemjamaks.

b) Tõmmake homaari liha terava noaga koorest välja ja viilutage medaljoniteks. Haki küüslauk ja mustad sojaoad koos. Kuumuta vokkpannil või pannil õli ja lisa küüslausegu. Keeda ja sega paar sekundit. Lisa sealiha ja küpseta umbes 10 minutit, segades, et liha laguneks. Lisama

c) kuum vesi, sojakaste ja MSG. Lisa homaari medaljonid ja küpseta 2 minutit. Sega maisitärklis ja šerri ning sega kastmesse. Klopi muna 3 sl veega lahti ja sega kastme hulka. Keeda tasasel tulel 30 sekundit pidevalt segades. Kaste peaks olema kreemjas, kuid mitte raske. Tõsta lusikaga kaste vaagna keskele. Aseta medaljonid kastmes dekoratiivse mustriga. Kaunista

d) koriandri ja rohelise sibula lokkidega. Asetage iga portsjoni jaoks mõni homaari medaljon kaussi Konjaci riisi peale.

e) Lusikaga kastet homaari peale.

24.Tsitrusviljadega võiga kaetud homaari sabad

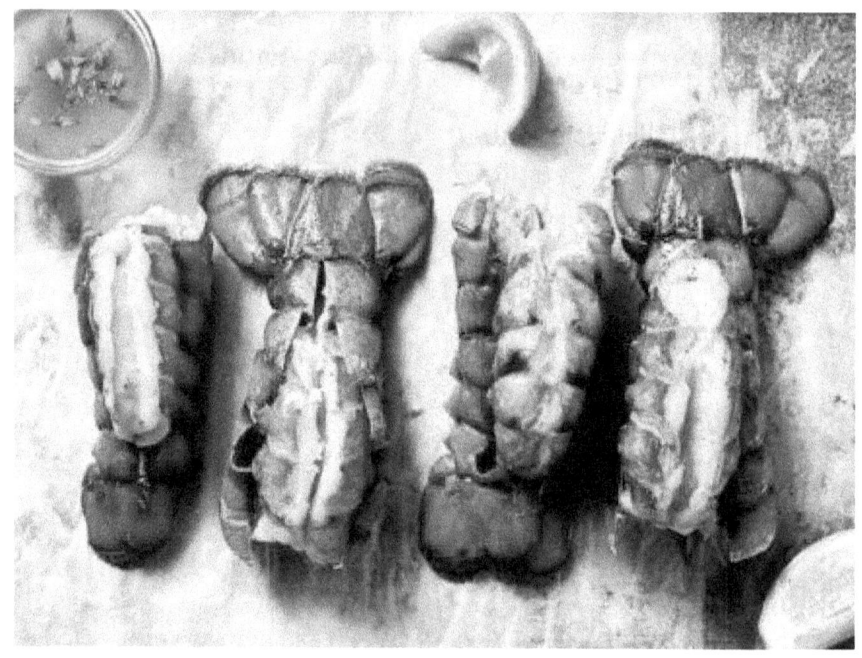

KOOSTISOSAD:
- 16 untsi Lobster Tails , sulatatud
- ½ tassi vett
- ¼ tassi võid või margariini
- 1 supilusikatäis sidrunimahla
- ½ teelusikatäit Purustatud apelsinikoor
- ⅛ teelusikatäis soola
- Dash jahvatatud ingver
- Kriips paprika

JUHISED:
a) Aja sabad lahti, liblikastiilis, nii et liha oleks peal. Tõsta tagasi madalasse ahjuvormi. Vala vesi peale. Mikroküpsetage, kaanega, 50% võimsusel 6–8 minutit või kuni liha on läbipaistmatu, pöörates tassi iga minuti järel veerand pööret
b) Lase kaanega 5 minutit seista
c) Vahepeal sega omavahel või või margariin, sidrunimahl, apelsinikoor, sool, ingver ja paprika. Mikrokeetmine, kaaneta, 100% võimsusel 1½ kuni 2 minutit või kuni või on sulanud
d) Sega hästi. Nirista homaari sabad võiseguga.

25.Must litši tee suitsutatud homaar

KOOSTISOSAD:
- 2 Maine'i homaarid
- 2 tassi Valge riis
- 2 tassi pruun suhkur
- 2 tassi Must litši tee
- 2 Küps mango
- ½ tassi Jicama nuiad
- ½ tassi Mündi šifonaad
- ½ tassi Basiiliku šifonaad
- 1 tass Mungoa niidid , blanšeeritud
- Krabi kalakaste
- 8 Riisipaberi lehed

JUHISED:
a) Kuumuta sügav hotellipann väga kuumaks.
b) Lisage sügavale pannile riis, suhkur ja tee ning asetage homaar kohe madalasse perforeeritud pannile.
c) Kinnitage kiiresti alumiiniumfooliumiga. Kui suitsetaja hakkab suitsetama, suitsetage homaari 10 minutit madalal kuumusel või kuni see on keedetud. Jahuta homaar ja lõika sabad pikkadeks ribadeks.
d) Kombineeri jicama, piparmünt, basiilik ja oalõng ning sega kalakastmega.
e) Leota riisipaber soojas vees ja aseta osa segudest pehmendatud paberile. Inkrusteeritud suitsuhomaari ribad ja mangoviilud.
f) Rulli rulli Ja lase 10 minutit seista. Niiskuse püsimise tagamiseks mähkige rullid ükshaaval tihedalt kilega.

26.Karri homaari risoto

KOOSTISOSAD:
- 2 homaari saba
- 1 ½ tassi Arborio riisi
- 4 tassi mereande või köögiviljapuljongit
- 1 keskmine sibul, peeneks hakitud
- 3 küüslauguküünt, hakitud
- 2 spl oliiviõli
- 1 spl karripulbrit
- 1 tass kuiva valget veini
- 1 tass riivitud parmesani juustu
- 2 spl võid
- Sool ja pipar maitse järgi
- Värske koriander või petersell, hakitud (kaunistuseks)

JUHISED:

a) Keeda homaarisabad keevas soolaga maitsestatud vees, kuni kestad muutuvad erkpunaseks ja liha on läbi küpsenud. Eemaldage homaari liha kestadest ja lõigake see suupärasteks tükkideks. Kõrvale panema.

b) Kuumuta suures kastrulis keskmisel kuumusel oliiviõli. Lisa hakitud sibul ja hakitud küüslauk ning prae, kuni sibul muutub läbipaistvaks ja aromaatseks.

c) Sega juurde karripulber ja küpseta veel minut, et selle maitse vabaneks.

d) Lisage Arborio riis kastrulisse ja segage, et terad kataks sibula, küüslaugu ja karri seguga.

e) Vala juurde valge vein ja sega, kuni see on riisi imendunud.

f) Alustage puljongi lisamist ühe kulbitäie kaupa, pidevalt segades ja enne lisamist laske igal lisandil imenduda.

g) Jätkake seda protsessi, kuni riis on al dente keedetud ja kreemja tekstuuriga (see võtab tavaliselt umbes 20-25 minutit).

h) Sega hulka riivitud parmesani juust ja või ning maitsesta soola ja pipraga. Sega hästi, kuni juust ja või on sulanud ja risotosse segunenud.

i) Voldi keedetud homaari liha õrnalt sisse, tagades, et see jaotuks ühtlaselt kogu risoto peale. Küpseta veel 2–3 minutit, kuni homaar on läbi kuumenenud.

j) Tõsta tulelt ja lase risotol paar minutit seista.

k) Serveeri karri-homaari risotot kaussides, kaunistatud värske koriandri või peterselliga.

27.Lobster Mac ja juust

KOOSTISOSAD:
- 1 spl oliiviõli
- 3 homaari saba, mis on pikuti pooleks lõhestatud ja väljakujunenud
- 3 supilusikatäit võid
- 2 supilusikatäit jahu
- 1 ½ tassi pool ja pool
- ½ tassi piima
- ¼ teelusikatäit paprikat
- ¼ teelusikatäit tšillipulbrit
- Soola maitse järgi
- ¼ teelusikatäit Worcestershire'i kastet
- ½ tassi riivitud Cheddari juustu
- 3 supilusikatäit riivitud Gruyere juustu
- 1 tass valmistatud küünarnuki makarone
- ½ tassi Panko riivsaia
- ¼ tassi sulatatud võid
- 5 supilusikatäit riivitud parmesani juustu

JUHISED

a) Kuumuta ahi 400 kraadini.
b) Katke kaks gratiini tassi mittenakkuva pihustiga
c) Kuumuta pannil õli ja pruunista homaari sabasid 2 minutit keskmisel kuumusel.
d) Laske homaaridel jahtuda ja eraldage liha koortest.
e) Tükeldage liha ja visake kestad ära.
f) Kasutage sama panni või sulatamiseks.
g) Valmistage roux, segades jahu ja jätkake segamist 1 minut.
h) Vala pool ja pool ning piim ning jätka segamist 3 minutit.
i) Laske vedelikul podiseda ja lisage paprika, tšillipulber, sool ja Worcestershire'i kaste.
j) Lase 4 minutit podiseda.
k) Lisa cheddari ja Gruyere juustud ning sega 5 minutit, kuni juust on sulanud.
l) Lisa makaronid juustukastmele ja sega ettevaatlikult sisse homaaritükid.
m) Täida mõlemad gratiininõud maci ja juustu seguga.
n) Sega kausis Panko, sulatatud või ja parmesani juust.
o) Nirista segu maci ja juustu peale.
p) Küpseta maci ja juustu 15 minutit.

28. Homaari ja krevettide lasanje

KOOSTISOSAD:
- 9 lasanje nuudlit
- 1 nael keedetud homaariliha, tükeldatud
- 1 nael keedetud krevette, kooritud ja tükeldatud
- 2 spl võid
- ½ tassi hakitud sibulat
- 2 küüslauguküünt, hakitud
- ¼ tassi universaalset jahu
- 2 tassi piima
- 1 tass mereandide puljongit
- 1 tass riivitud mozzarella juustu
- ½ tassi riivitud parmesani juustu
- ¼ tassi hakitud värsket peterselli
- Sool ja pipar maitse järgi

JUHISED:
a) Kuumuta ahi temperatuurini 375 °F (190 °C) ja määri 9x13-tolline küpsetusvorm kergelt õliga.
b) Keeda lasanjenuudlid vastavalt pakendi juhistele. Nõruta ja tõsta kõrvale.
c) Suurel pannil sulatage või keskmisel kuumusel. Lisa hakitud sibul ja hakitud küüslauk ning prae pehmeks.
d) Puista jahu sibula ja küüslaugu segule ning küpseta pidevalt segades 1-2 minutit. Vispelda vähehaaval juurde piim ja mereandide puljong. Jätkake küpsetamist, kuni kaste pakseneb.
e) Sega hulka riivitud mozzarella juust ja riivitud Parmesani juust, kuni see on sulanud ja ühtlane.
f) Lisa kastmele tükeldatud homaariliha, keedetud krevetid ja hakitud petersell. Maitsesta soola ja pipraga maitse järgi. Sega segamiseks.
g) Määri ahjuvormi põhjale õhuke kiht mereandide kastet. Aseta peale kolm lasanjenuudlit.
h) Määri nuudlitele kiht mereandide segu. Korda kihte kolme lasanjenuudli ja veel mereandiseguga.
i) Tõsta peale ülejäänud kolm lasanjenuudlit ja vala peale ülejäänud mereandide kaste.
j) Puista peale veel riivitud Parmesani juustu.
k) Kata ahjuvorm fooliumiga ja küpseta 25 minutit.
l) Eemalda foolium ja küpseta veel 10 minutit, kuni juust on sulanud ja mullitav.
m) Lase enne serveerimist paar minutit jahtuda.

29.Homaari nuudli pajaroog

KOOSTISOSAD:
- 2 värsket homaari
- 3 supilusikatäit soola
- ½ tl soola
- 3 supilusikatäit võid
- 1 šalottsibul
- 1 spl tomatipastat
- 3 küüslauguküünt
- ¼ c. brändit
- ½ c. raske koor
- teelusikatäis värskelt jahvatatud musta pipart
- ½ naela munanuudlid
- 1 spl värsket sidrunimahla
- 6 oksakest tüümiani

JUHISED:

a) Keeda homaarid:

b) Täida suur kauss poolenisti jää ja veega ning tõsta kõrvale. Kuumuta suur pott vett ja 3 supilusikatäit soola keemiseni ning kasta homaarid pika varrega tangidega pea ees vette. Vähendage kuumust ja keetke kaane all 4 minutit. Nõruta homaarid ja aseta need ettevalmistatud jäävanni jahtuma. Murdke kestad lahti ning eemaldage saba ja küüniste liha. Reserveerige kestad. Lõika sabaliha ½ tolli paksusteks medaljonideks ja küüniste liha suurteks tükkideks ning tõsta kõrvale.

c) Küpseta vormiroad:

d) Kuumuta ahi temperatuurini 350 ° F. Katke neli 1-tassi mahutavat ahjuvormi või üks 9-tolline ümmargune küpsetusvorm kergelt 1 supilusikatäie võiga ja asetage kõrvale. Sulata ülejäänud või keskmisel kuumusel pannil.

e) Lisa šalottsibul ja küpseta pehmeks. Lisa reserveeritud kestad, tomatipasta ja küüslauk ning küpseta pidevalt segades 5 minutit.

f) Tõstke pann tulelt eemale ja lisage brändi. Tõsta tagasi tulele ja kuumuta segu pidevalt segades keemiseni. Vähendage kuumust keskmisele madalale, lisage 1,5 tassi vett ja hautage, kuni see on veidi paksenenud – umbes 15 minutit. Kurna segu ja sega hulka koor, ülejäänud sool ja pipar.

g) Lisa munanuudlid, homaariliha ja sidrunimahl ning viska katteks. Jaga segu ühtlaselt valmis küpsetusnõude vahel, kata fooliumiga ja küpseta, kuni homaar on läbi küpsenud ja nuudlid kuumad – umbes 20 minutit.

h) Kaunista tüümianiokstega ja serveeri kohe.

30.Mereandide pasta pajaroog

KOOSTISOSAD:

- ¼ tassi oliiviõli
- 1 nael värsket sparglit, kärbitud ja 1-tollisteks tükkideks lõigatud
- 1 tass hakitud rohelist sibulat
- 1 spl. purustatud küüslauk
- 16 untsi pkg. linguine nuudlid, keedetud ja nõrutatud
- 1 nael keskmise suurusega krevette, keedetud, kooritud ja tükeldatud
- 8 untsi krabiliha, keedetud
- 8 untsi värsket homaari, keedetud
- 8 untsi purki musti oliive, nõrutatud

JUHISED:

a) Kuumuta ahi 350°-ni. Pihustage 4-liitrine pajaroog mittenakkuva küpsetusspreiga. Lisa keskmisel kuumusel pannil oliiviõli.

b) Kui õli on kuum, lisa spargel, roheline sibul ja küüslauk. Hauta 5 minutit.

c) Tõsta pann tulelt ning lisa pajavormile köögiviljad ja oliiviõli.

d) Lisa pajaroale linguine nuudlid, krabi, homaar ja mustad oliivid.

e) Viska kuni segunemiseni. Küpseta 30 minutit või kuni pajaroog on kuum.

f) Võta ahjust välja ja serveeri.

31. Kikilipsupasta homaari ja artišokkidega

KOOSTISOSAD:
- 8 untsi kikilipsu pasta
- 2 homaari saba, keedetud ja liha eemaldatud
- 1 tass artišokisüdameid, nõrutatud ja tükeldatud
- 2 spl võid
- 2 küüslauguküünt, hakitud
- ½ tassi kana- või köögiviljapuljongit
- ½ tassi rasket koort
- ¼ tassi riivitud parmesani juustu
- 1 spl värsket sidrunimahla
- Sool ja pipar maitse järgi
- Värske petersell, hakitud (kaunistuseks)

JUHISED:
a) Keeda kikilipsu pasta vastavalt pakendi juhistele al dente'iks. Nõruta ja tõsta kõrvale.
b) Suurel pannil sulatage või keskmisel kuumusel. Lisa hakitud küüslauk ja prae umbes minut, kuni see lõhnab.
c) Lisa pannile artišokisüdamed ja küpseta aeg-ajalt segades 2–3 minutit.
d) Lisage homaari liha pannile ja küpseta veel 2 minutit, segades õrnalt, et see seguneks artišokkidega.
e) Vala kana- või köögiviljapuljong ja lase keema tõusta. Laske paar minutit keeda, kuni puljong veidi väheneb.
f) Alandage kuumust ja segage juurde koor, parmesani juust ja sidrunimahl. Maitsesta soola ja pipraga maitse järgi. Hauta tasasel tulel 3-4 minutit, lastes maitsetel kokku sulada.
g) Lisa pannile keedetud kikilipsupasta ja klopi kõik kokku, kuni pasta on kastmega korralikult kaetud.
h) Tõsta tulelt ja kaunista hakitud peterselliga.
i) Serveeri kikilipsu pasta homaari ja artišokkidega kohe, kuni see on veel kuum. Kõrvale võib lisada salatit või kooreleiba.

32. Karpide ravioolid safranipuljongis

KOOSTISOSAD:
- ¾ naela homaariliha
- 4 muna
- ¼ tassi rasket koort
- ½ tassi pehmet saiapuru
- ½ teelusikatäit soola
- ½ tl Värskelt jahvatatud valget pipart
- 2 spl hakitud värskeid estragoni lehti
- 1 pakk Wontoni ümbriseid
- 4 tassi kalapuljongit
- ½ tl safrani niidid
- 1 väike kuni keskmine tomat, tükeldatud
- Hakitud värsked ürdid, nagu estragon või murulauk

JUHISED:
a) Asetage köögikombaini homaari liha ja 3 muna.
b) Metallist teraga pulssiga, kuni mereannid on jämedalt hakitud. Kraapige küljed.
c) Lisage rõõsk koor, riivsai, sool ja pipar ning segage pulber. Ärge töödelge koort üle, vastasel juhul muutub see teraliseks või isegi võiks.
d) Tõsta segu kaussi ja lisa spaatliga segades tükeldatud estragonilehed.
e) Asetage tahvlile 1 wontoni nahk. Asetage kondiitrikotti või teelusikatäit selle keskele umbes 1 tl täidist. Segage väikeses kausis ülejäänud muna 3 spl veega. Pintseldage teist wontoni nahka munapesuseguga ja asetage see täidise peale, surudes sõrmedega kergelt kinni, et eemaldada kinnijäänud õhk ja tihendada wontoni kestade servad.
f) Keetmata ravioolid säilivad kaanega anumas külmkapis kuni 2 päeva, sügavkülmas aga mitu nädalat. Külmutamiseks asetage ravioolid ühe kihina vahatatud paberiga vooderdatud lehtpannile ja asetage sügavkülma, kuni need külmuvad. Seejärel saab need eemaldada ja hoida kondiitrikotis.
g) Kuumuta potis kalapuljong keemiseni, alanda kuumust ja lisa safran. Jätkake keetmist 5 minutit, kuni alustate ravioolide küpsetamist.
h) Toidu valmistamiseks asetage ravioolid keevasse soolaga maitsestatud vette ja jätkake keetmist, kuni need hakkavad hõljuma (värskete ravioolide puhul umbes 2–3 minutit, külmutatud ravioolide puhul 5–6 minutit).
i) Nõruta ja jaga 4 kaussi. Lisage igasse kaussi ½ tassi kalapuljongit, seejärel kaunistage veidi kuubikuteks lõigatud tomati ja mõne hakitud värske maitserohelise, nagu estragon või murulauk.
j) Serveeri kuumalt.

33.Hiina homaarihautis

KOOSTISOSAD:
- 2 elusat homaari (igaüks umbes 1,5 naela)
- 2 spl taimeõli
- 2 küüslauguküünt, hakitud
- 1-tolline tükk ingverit, kooritud ja riivitud
- 1 sibul, õhukeselt viilutatud
- 1 punane paprika, õhukeselt viilutatud
- 1 roheline paprika, õhukeselt viilutatud
- 1 porgand, õhukeselt viilutatud
- 1 tass kanapuljongit
- 2 spl sojakastet
- 1 spl austrikastet
- 1 spl maisitärklist, lahustatud 2 sl vees
- 1 spl seesamiõli
- Sool ja pipar maitse järgi
- Kaunistuseks hakitud roheline sibul

JUHISED:

a) Valmista homaarid, asetades need umbes 20-30 minutiks sügavkülma. See aitab neid enne toiduvalmistamist rahustada.
b) Täida suur pott veega ja lase keema tõusta. Lisa keeduvette soola.
c) Asetage homaarid ettevaatlikult keevasse vette ja keetke umbes 8-10 minutit või kuni kestad muutuvad erkpunaseks.
d) Eemaldage homaarid potist ja laske neil veidi jahtuda. Kui liha on jahtunud, eemaldage see kestadest ja lõigake see suupärasteks tükkideks. Kõrvale panema.
e) Kuumutage suures vokkpannil või pannil taimeõli keskmisel kuumusel.
f) Lisa kuumale õlile hakitud küüslauk ja riivitud ingver ning prae segades umbes 1 minut, kuni need muutuvad lõhnavaks.
g) Lisa vokkpannile viilutatud sibul, punane ja roheline paprika ning porgand. Prae segades 2-3 minutit, kuni köögiviljad on veidi pehmenenud.
h) Vahusta väikeses kausis kanapuljong, sojakaste ja austrikaste. Vala see segu koos köögiviljadega vokki.
i) Kuumuta segu keema ja lase umbes 5 minutit küpseda, et maitsed seguneksid.
j) Kastme paksendamiseks sega juurde lahustunud maisitärklisesegu.
k) Lisage keedetud homaari liha vokkpannile ja segage õrnalt.
l) Küpseta veel 2–3 minutit, kuni homaar on läbi kuumenenud.
m) Nirista hautisele seesamiõli ning maitsesta maitse järgi soola ja pipraga.
n) Kaunista hakitud rohelise sibulaga.
o) Serveeri Hiina homaarihautist kuumalt koos aurutatud riisi või nuudlitega.
p) Nautige selle maitsva ja lohutava Hiinast inspireeritud homaariroa maitsvaid maitseid.

34. Homaari-tomativisk

KOOSTISOSAD:
- 1 spl oliiviõli
- 4–6 küüslauguküünt, peeneks hakitud
- 1 varsseller, peeneks hakitud
- 1 väike magus valge sibul, peeneks hakitud
- 1 keskmine tomat, tükeldatud
- 1½–1¾-naelane homaar
- 2 tassi täispiima
- 1 tass tomatikastet
- ½ tassi rasket koort
- ½ tassi kalapuljongit
- 4 supilusikatäit (½ pulka) soolamata võid
- 2 supilusikatäit peeneks hakitud värsket peterselli
- 1 tl värskelt jahvatatud musta pipart

JUHISED:

a) Kuumuta õli suures potis keskmisel-kõrgel kuumusel. Lisa küüslauk, seller ja sibul ning küpseta segades 8–10 minutit. Lisa tomatid.

b) Asetage homaar lõikelauale selili. Tehke sisselõige saba keskele peaaegu tipuni, ilma kesta läbi lõikamata; saba lõhki.

c) Grillige homaari 15–18 minutit, koorega pool allapoole, suletud kaanega. Tõsta homaar grillilt tagasi lõikelauale ning eemalda liha ja tomalley. Visake koor ära ja asetage liha kõrvale.

d) Kuumuta piim, tomatikaste, koor, puljong ja või kastrulis koos köögiviljadega keema. Alandage kuumust madalaks. Hauta 10 minutit, sageli segades.

e) Lisa homaari liha ja tomalley ning petersell ja pipar. Kata kaanega ja hauta madalaimal võimalikul kuumusel 4–5 minutit.

35.Nööbi seened ja homaar

KOOSTISOSAD:
- 2 homaari saba, keedetud ja liha eemaldatud
- 8 untsi nööbikeseened, viilutatud
- 2 spl võid
- 2 küüslauguküünt, hakitud
- ¼ tassi kuiva valget veini
- ½ tassi kana- või köögiviljapuljongit
- ½ tassi rasket koort
- 1 spl värsket sidrunimahla
- Sool ja pipar maitse järgi
- Värske petersell, hakitud (kaunistuseks)

JUHISED:
a) Suurel pannil sulatage või keskmisel kuumusel. Lisa hakitud küüslauk ja prae umbes minut, kuni see lõhnab.

b) Lisa pannile viilutatud nööbiseened ja küpseta 4–5 minutit aegajalt segades, kuni need on kuldpruunid ja pehmed.

c) Vala juurde valge vein ja lase pannil glasuur, kraapides põhjast pruuniks muutunud tükid. Laske veinil minut või kaks küpseda, et see veidi väheneks.

d) Lisa pannile kana- või köögiviljapuljong ja kuumuta keemiseni. Küpseta 2-3 minutit, et maitsed seguneksid.

e) Alandage kuumust madalaks ja segage juurde koor ja sidrunimahl. Maitsesta soola ja pipraga maitse järgi. Hauta tasasel tulel 3-4 minutit, lastes kastmel veidi pakseneda.

f) Lisage keedetud homaari liha pannile ja segage õrnalt, et see seguneks seente ja kastmega. Laske sellel minut või kaks kuumeneda.

g) Tõsta tulelt ja kaunista hakitud peterselliga.

h) Serveeri nööbiseened ja homaar kohe, kuni see on veel kuum. See roog sobib hästi aurutatud riisi, koorikleiva või pastaga.

36.Homaari ja mango salat

KOOSTISOSAD:
- 2 homaari saba, keedetud ja liha eemaldatud
- 1 küps mango, tükeldatud
- ¼ tassi punast paprikat, tükeldatud
- ¼ tassi kurki, tükeldatud
- 2 spl hakitud värsket piparmünti
- 1 laimi mahl
- 1 spl mett
- Sool ja pipar maitse järgi
- Serveerimiseks võid salatilehti

JUHISED:

a) Lõika homaari liha hammustuse suurusteks tükkideks.

b) Sega kausis tükeldatud mango, punane paprika, kurk ja hakitud piparmünt.

c) Lisa kaussi tükeldatud homaari liha.

d) Vahusta eraldi väikeses kausis laimimahl, mesi, sool ja pipar.

e) Valage kaste homaari segule ja segage õrnalt.

f) Serveeri homaari- ja mangosalatit võisalatilehtedel.

g) Nautige selle troopikast inspireeritud homaarisalati magusaid ja teravaid maitseid.

37. Homaari Caesari salat

KOOSTISOSAD:
- 2 homaari saba, keedetud ja liha eemaldatud
- 4 tassi hakitud rooma salatit
- ¼ tassi riivitud parmesani juustu
- ¼ tassi krutoone
- Serveerimiseks Caesari kaste

JUHISED:

a) Lõika homaari liha hammustuse suurusteks tükkideks.

b) Sega suures kausis hakitud rooma salat, riivitud parmesani juust ja krutoonid.

c) Lisa kaussi tükeldatud homaari liha.

d) Nirista peale Caesari kastet või serveeri kastet kõrvale.

e) Vahetult enne serveerimist segage koostisained omavahel, et maitsed seguneksid.

f) Nautige rikkaliku homaariliha kombinatsiooni Caesari salati klassikaliste maitsetega.

38. Homaari šifonaad

KOOSTISOSAD:
- 2 homaari saba, keedetud ja liha eemaldatud
- Teie valitud värsked ürdid (nt basiilik, estragon või murulauk)
- Sidruniviilud (serveerimiseks)

JUHISED:
a) Võtke keedetud homaari liha ja eemaldage kõik kestad või kõhred. Veenduge, et homaari liha oleks keedetud ja jahutatud.

b) Võtke homaari liha ja viilutage see ettevaatlikult õhukesteks ribadeks. Selle saavutamiseks võite kasutada teravat nuga või köögikääre.

c) Valige soovitud värsked ürdid, nagu basiilik, estragon või murulauk, mis täiendavad hästi homaari maitset. Lao ürtide lehed üksteise peale.

d) Rulli virnastatud ürdid tihedalt sigarikujuliseks rulliks.

e) Lõika rulli keeratud ürdid terava noaga õhukesteks ribadeks. See loob ürtidest šifonaadi.

f) Kombineerige homaari šifonaad ja ürdišifonaad kausis, viskage need õrnalt kokku.

g) Serveeri homaari ja ürtide sifonki erinevate roogade lisandina või lisandina. Seda saab kasutada salatite, pastaroogade või mereandide valmistamisel.

h) Enne serveerimist pigistage homaari šifonaadile värske sidrunimahl, et lisada heledust ja parandada maitseid.

39. Homaari tabbouleh basiilikuga

KOOSTISOSAD:
- 2 homaari saba
- 1 tass bulgur-nisu
- 2 tassi keeva veega
- 1 tass kirsstomateid, poolitatud
- 1 kurk, tükeldatud
- ½ punast sibulat, peeneks hakitud
- ½ tassi värskeid basiiliku lehti, tükeldatud
- ¼ tassi värsket peterselli, hakitud
- ¼ tassi värskeid piparmündi lehti, tükeldatud
- 1 sidruni mahl
- 3 supilusikatäit ekstra neitsioliiviõli
- Sool ja pipar maitse järgi

JUHISED:

a) Keeda homaarisabad keevas soolaga maitsestatud vees, kuni kestad muutuvad erkpunaseks ja liha on läbi küpsenud. Eemalda homaari liha kestadest ja tükelda see suupärasteks tükkideks. Kõrvale panema.

b) Aseta bulgurnisu suurde kaussi ja vala peale keev vesi. Kata kauss puhta köögirätikuga ja lase bulgurnisul umbes 20 minutit liguneda, kuni see muutub pehmeks.

c) Tühjendage bulgur-nisust üleliigne vesi ja valage see serveerimisnõusse.

d) Lisa bulgurnisuga kaussi kirsstomatid, kuubikuteks lõigatud kurk, peeneks hakitud punane sibul, hakitud basiilikulehed, hakitud petersell ja hakitud piparmündilehed.

e) Sega väikeses kausis kokku sidrunimahl, ekstra neitsioliiviõli, sool ja pipar. Valage kaste tabbouleh' segule ja segage kõik hästi, kuni see on hästi segunenud.

f) Voldi tükeldatud homaariliha õrnalt sisse, tagades, et see jaotuks ühtlaselt kogu tabbouleh's.

g) Laske tabbouleh'l umbes 10-15 minutit seista, et maitsed seguneksid.

h) Vahetult enne serveerimist visake tabbouleh'd veel viimast korda, et lisada kaste, mis võib olla kausi põhja settinud.

i) Kaunista homaari tabbouleh täiendavate värskete basiilikulehtedega.

j) Serveeri homaari tabbouleh'd värskendava pearoana või mõnusa lisandina. Sobib hästi grillitud mereandide või kanalihaga.

KRELETID

40.Bouillabaisse hammustab

KOOSTISOSAD:
- 24 keskmist Krevetid, kooritud ja Väljamõeldud
- 24 keskmist merikammkarbid
- 2 tassi tomatikastet
- 1 purk hakitud karbid (6-½ untsi)
- 1 spl Pernod
- 20 milliliitrit
- 1 loorberileht
- 1 tl basiilikut
- ½ teelusikatäit soola
- ½ tl Värskelt jahvatatud pipart
- Küüslauk, hakitud
- Safran

JUHISED:
a) Tõsta krevetid ja kammkarbid 8-tollistele bambusvarrastele, kasutades iga vardas 1 krevetti ja 1 kammkarp; keera kreveti saba ümber kammkarbi.
b) Sega kastrulis tomatikaste, karbid, Pernod, küüslauk, loorberileht, basiilik, sool, pipar ja safran. Lase segu keema.
c) Laota varrastega kala madalasse ahjuvormi.
d) Nirista varrastele kastet. Küpseta kaaneta 350 kraadi juures 25 minutit.

41.Linguine ja krevetid Scampi

KOOSTISOSAD:
- 1 pakk linguine pasta
- ¼ tassi võid
- 1 hakitud punane paprika
- 5 hakitud küüslauguküünt
- 45 toorest suurt kooritud krevetti ½ tassi kuiva valget veini ¼ tassi kanapuljongit
- 2 supilusikatäit sidrunimahla
- ¼ tassi võid
- 1 tl purustatud punase pipra helbeid
- ½ tl safranit
- ¼ tassi hakitud peterselli
- Soola maitse järgi

JUHISED:
a) Keeda pasta vastavalt pakendi juhistele , selleks peaks kuluma umbes 10 minutit.
b) Tühjendage vesi ja asetage see kõrvale.
c) Sulata suurel pannil või.
d) Küpseta paprikat ja küüslauku pannil 5 minutit.
e) Lisa krevetid ja jätka praadimist veel 5 minutit.
f) Tõsta krevetid vaagnale, kuid jäta küüslauk ja pipar pannile alles.
g) Kuumuta valge vein, puljong ja sidrunimahl keemiseni.
h) Pange krevetid tagasi pannile koos veel 14 tassi paremaga.
i) Lisage punase pipra helbed, safran ja petersell ning maitsestage soolaga.
j) Hauta 5 minutit pärast pastaga viskamist.

42. Krevetid a la Plancha safrani allioli röstsaiadega

KOOSTISOSAD:
ALLIOLI
- 1 suur näputäis safranit
- 1 suur munakollane
- 1 küüslauguküüs, peeneks hakitud
- 1 tl koššersoola
- 1 tass ekstra neitsioliiviõli, eelistatavalt Hispaania
- 2 tl sidrunimahla, vajadusel veel

KRELETID
- Neli ½ tolli paksust viilu maaleiba
- 2 supilusikatäit kvaliteetset ekstra neitsioliiviõli, eelistatavalt Hispaania
- 1½ naela jumbo
- 20-arvulised kooritavad krevetid
- Kosher sool
- 2 sidrunit poolitatud
- 3 küüslauguküünt, peeneks hakitud
- 1 tl värskelt jahvatatud musta pipart
- 1 tass kuiva šerrit
- 2 supilusikatäit jämedalt hakitud lamedate lehtedega peterselli

JUHISED:
a) Valmistage aioli: röstige safranit keskmisel kuumusel seatud väikesel pannil 15–30 sekundit, kuni see muutub rabedaks.
b) Pöörake see väikesele taldrikule ja kasutage selle purustamiseks lusika tagumist külge. Lisage keskmisesse kaussi safran, munakollased, küüslauk ja sool ning vahustage tugevalt, kuni see on hästi segunenud.
c) Alustage oliiviõli lisamist mõne tilga kaupa, segades hoolikalt lisamiste vahel, kuni aioli hakkab paksenema, seejärel nirista järelejäänud õli segusse väga aeglase ja ühtlase joana, vahustades aioli, kuni see on paks ja kreemjas.
d) Lisa sidrunimahl, maitse ja vajadusel lisa sidrunimahla ja soola. Tõsta väikesesse kaussi, kata kilega ja jahuta.
e) Valmistage röstsaiad: seadke ahjurest kõige ülemisse asendisse ja broiler kõrgele. Asetage saiaviilud ääristatud ahjuplaadile ja pintseldage leiva mõlemat külge 1 spl õliga.

f) Röstige leiba kuldpruuniks, umbes 45 sekundit. Pöörake leib ümber ja röstige teiselt poolt (jälgige broilerit tähelepanelikult, kuna broileri intensiivsus on erinev), 30–45 sekundit kauem. Eemaldage leib ahjust ja asetage iga viil taldrikule.

g) Asetage krevetid suurde kaussi. Kasutage koorimisnoa, et teha krevettide kumerale tagaküljele madal sisselõige, eemaldades veeni (kui see on olemas) ja jättes koore puutumata. Kuumuta suurt paksu põhjaga panni keskmisel kõrgel kuumusel, kuni see peaaegu suitseb, 1½ kuni 2 minutit.

h) Lisa ülejäänud 1 supilusikatäis õli ja krevetid. Puista krevettidele näpuotsatäis soola ja poole sidruni mahla ning küpseta, kuni krevetid hakkavad kõverduma ja koore servad pruunistuvad 2–3 minutit.

i) Keera krevettide ümber tangidega, puista peale veel soola ja teise sidrunipooliku mahla ning küpseta, kuni krevetid on erkroosad, umbes 1 minut kauem. Tehke panni keskele süvend ning segage sisse küüslauk ja must pipar; kui küüslauk on lõhnav, lisage umbes 30 sekundi pärast šerri, laske keema tõusta ja segage küüslaugu-šerri segu krevettide hulka.

j) Küpseta, segades ja kaapides pruunid tükid panni põhjast kastmesse. Keera kuumus maha ja pigista sisse veel ühe poole sidruni mahl. Lõika ülejäänud sidrunipool viiludeks.

k) Määri iga leivaviilu ülaosa rikkaliku lusikatäie safrani-aioliga. Jaga krevetid taldrikutele ja vala igale portsjonile veidi kastet. Puista peale petersell ja serveeri sidruniviiludega.

43.Bombay merikuradi

KOOSTISOSAD:
- 1 nael merikuradi, nülitud
- Piim katteks
- ¼ naela kooritud krevetid
- 2 muna
- 3 supilusikatäit tomatipastat ½ tl karripulbrit
- 2 tl sidrunimahla
- ¼ tl värsket rosmariini, hakitud
- 1 näputäis safranit või kurkumit ¾ tassi heledat koort
- Sool ja pipar maitse järgi

JUHISED:
a) Kuumuta ahi 350 F-ni. Pange merikukk pannile, mis on täpselt nii suur, et see mahutaks. Vala peale piim ja aseta pann mõõdukale kuumusele.
b) Lase keema tõusta, kata kaanega ja küpseta 8 minutit. Pöörake kala ja küpseta 7 minutit kauem või kuni kala on küps.
c) Kui merikuradid on peaaegu valmis, lisage krevetid ja küpseta 2–3 minutit või kuni need muutuvad roosaks.
d) Nõruta kala ja krevetid, viska piim ära.
e) Lõika merikuradi hammustuse suurusteks tükkideks. Vahusta munad tomatipasta, karripulbri, sidrunimahla, rosmariini, safrani ja ½ tassi koorega.
f) Sega hulka kala ja krevetid ning maitsesta soola ja pipraga.
g) Vormista 4 eraldi ramekiini tassi ja vala võrdne kogus ülejäänud koort iga roa peale.
h) Küpseta 20 minutit või kuni taheneb. Serveeri kuumalt koos sidrunipigistuse ja koorega prantsuse tüüpi leivaga.

44.Kana, krevetid ja chorizo paella

KOOSTISOSAD:
- ½ tl safrani niidid, purustatud
- 2 spl oliiviõli
- 1 nael nahata, kondita kana reied, lõigatud 2-tollisteks tükkideks
- 4 untsi keedetud, suitsutatud Hispaania stiilis chorizo vorsti, viilutatud
- 1 keskmine sibul, hakitud
- 4 küüslauguküünt, hakitud
- 1 tass jämedalt riivitud tomateid
- 1 spl suitsutatud magusat paprikat
- 6 tassi vähendatud naatriumisisaldusega kanapuljongit
- 2 tassi lühikese teraga Hispaania riisi, nagu bomba, Calasparra või Valencia
- 12 suurt krevetti, kooritud ja tükeldatud
- 8 untsi külmutatud herned, sulatatud
- Tükeldatud rohelised oliivid (valikuline)
- Hakitud Itaalia petersell

JUHISED:
a) Sega väikeses kausis safran ja 1/4 tassi kuuma vett; lase seista 10 minutit.
b) Samal ajal kuumutage 15-tollisel paellapannil õli keskmisel kõrgel kuumusel. Lisa pannile kana. Küpseta, aeg-ajalt keerates, kuni kana on pruunistunud, umbes 5 minutit. Lisa chorizo. Küpseta veel 1 minut. Tõsta kõik taldrikule. Lisa pannile sibul ja küüslauk. Keeda ja sega 2 minutit. Lisa tomatid ja paprika. Küpseta ja sega veel 5 minutit või kuni tomatid on paksenenud ja peaaegu pastataolised.
c) Tõsta kana ja chorizo pannile. Lisa kanapuljong, safranisegu ja 1/2 tl soola; lase kõrgel kuumusel keema. Lisa pannile riis, sega üks kord ühtlaseks jaotumiseks. Keeda segamata, kuni riis on suurema osa vedelikust imanud, umbes 12 minutit. (Kui pann on põletist suurem, pöörake seda iga paari minuti järel, et riis küpseks ühtlaselt.) Vähendage kuumust. Küpseta segamata veel 5–10 minutit, kuni kogu vedelik on imendunud ja riis on al dente. Kõige peale tõsta krevetid ja herned. Keera kuumus kõrgeks. Küpseta segamata, veel 1–2 minutit (ääred peaksid välja nägema kuivad ja põhjale peaks tekkima koorik). Eemalda. Kata pann fooliumiga. Enne serveerimist lase 10 minutit puhata. Lisa soovi korral oliivid ja petersell.

45.Piparmündised krevetihammustused

KOOSTISOSAD:
- 2 spl oliiviõli
- 10 untsi krevette, keedetud
- 1 spl piparmünt, hakitud
- 2 spl erütritooli
- ⅓ tassi murakad, jahvatatud
- 2 tl s karripulbrit r
- 11 prosciutto viilu
- ⅓ tassi köögiviljapuljongit

JUHISED:
a) Nirista iga krevetti peale õli pärast prosciutto viiludesse mähkimist.

b) Segage kiirpotis murakad, karri, piparmünt , puljong ja erütritool, segage ja keetke 2 minutit madalal kuumusel.

c) Lisage auruti korv ja pakitud krevetid potti, katke kaanega ja küpseta 2 minutit kõrgel kuumusel.

d) Tõsta pakitud krevetid taldrikule ja nirista enne serveerimist üle piparmündikastmega.

46.Kiivid ja S krevetid

KOOSTISOSAD:
- 3 kiivi
- 3 supilusikatäit oliiviõli
- 1 nael krevetid, kooritud
- 3 spl Jahu
- ¾ tassi Prosciutto, lõigatud õhukesteks ribadeks
- 3 šalottsibul, peeneks hakitud
- ⅓ teelusikatäit tšillipulbrit
- ¾ tassi kuiva valget veini

JUHISED:

a) Koori kiivi. Jätke 4 viilu kaunistamiseks ja tükeldage ülejäänud puuviljad. Kuumuta raskel pannil või wokis õli. Viska krevetid jahusse ja prae 30 sekundit.

b) Lisa Prosciutto, šalottsibul ja tšillipulber. Prae veel 30 sekundit. Lisa tükeldatud kiivi ja prae 30 sekundit. Lisa vein ja vähenda poole võrra.

c) Serveeri kohe.

47.Ürditud kitsejuust ja prosciutto krevetid

KOOSTISOSAD:
- 12 supilusikatäit kitsejuustu
- 1 tl hakitud värsket peterselli
- 1 tl hakitud värsket estragoni
- 1 tl hakitud värsket kirvilt
- 1 tl hakitud värsket pune
- 2 tl hakitud küüslauku
- Sool ja pipar
- 12 suurt krevetti, kooritud, saba- ja
- Liblikas
- 12 õhukest prosciutto viilu
- 2 supilusikatäit oliiviõli
- Valge trühvli tilk
- Õli

JUHISED:
a) Sega kausis juust, ürdid ja küüslauk kokku. Maitsesta segu soola ja pipraga. Maitsesta krevetid soola ja pipraga.
b) Suru iga kreveti süvendisse üks supilusikatäis täidist.
c) Mähi iga krevett tihedalt ühe prosciutto tükiga. Kuumuta praepannil oliiviõli. Kui õli on kuum, lisage täidetud krevetid ja praege 2–3 minutit mõlemalt poolt või kuni krevetid muutuvad roosaks ja nende sabad kõverduvad keha poole. Eemalda pannilt ja aseta suurele taldrikule.
d) Nirista krevetid üle trühvliõliga.
e) Kaunista peterselliga.

48.Gnocchetti krevettide ja pestoga

KOOSTISOSAD:
- Manna tainas

PISTAATSIAPESTO
- 1 tass pistaatsiapähkleid
- 1 hunnik piparmünt
- 1 küüslauguküüs
- ½ tassi riivitud Pecorino Romano
- ½ tassi oliiviõli
- Kosher sool
- Värskelt jahvatatud must pipar
- 8 untsi fava oad
- Oliiviõli
- 3 küüslauguküünt, hakitud
- 2 naela suured krevetid, puhastatud
- Purustatud punane pipar, maitse järgi
- Kosher sool
- Värskelt jahvatatud must pipar
- ¼ tassi valget veini
- 1 sidrun, kooritud

JUHISED :
a) Puista kaks lehtpanni mannajahuga.
b) Gnocchetti valmistamiseks lõika väike tükk tainast ära ja kata ülejäänud tainas kilega. Rullige taignatükk kätega umbes ½ tolli paksuseks köieks. Lõika nöörist ½-tollised taignatükid. Suruge taignatükk pöidlaga õrnalt gnocchi-plaadile, rullides seda kehast eemale, nii et see tekitaks väikese süvendi. Asetage gnocchetti mannapudruga kaetud vormidele ja jätke see ilma kaaneta, kuni olete valmis küpsetama.
c) Pistaatsiapesto valmistamiseks lisa köögikombainis pistaatsiapähklid, piparmünt, küüslauk, Pecorino Romano, oliiviõli, sool ja värskelt jahvatatud must pipar ning töötle püreestamiseks.
d) Valmistage kauss jääveega. Eemalda fava oad kaunast. Blanšeerige fava oad, keetes neid keevas vees pehmeks, umbes 1 minut. Eemaldage veest ja asetage jäävanni.
e) Kui see on piisavalt jahtunud, eemaldage see veest ja asetage kaussi kõrvale. Eemaldage oa vahajas välimine kiht ja visake ära.
f) Kuumuta suur pott soolaga maitsestatud vett keema. Vahepeal lisa suurel pannil kõrgel kuumusel tilk oliiviõli, küüslauku, krevette, purustatud punast pipart, soola ja värskelt jahvatatud musta pipart. Krevettide küpsemise ajal tilgutage pasta keevasse vette ja keetke kuni al dente, umbes 3–4 minutit. Lisage pasta koos valge veiniga praepannile ja laske keeda, kuni vein on poole võrra vähenenud, umbes minut.
g) Serveerimiseks jaga pasta kausside vahel. Kaunista sidrunikoore ja pistaatsiapestoga.

49.Acadia popkorn

KOOSTISOSAD:
- 2 naela väikseid krevette
- 2 suurt muna
- 1 tass kuiva valget veini
- ½ tassi Polentat
- ½ tassi jahu
- 1 spl värsket murulauku
- 1 küüslauguküüs, hakitud
- ½ tl tüümiani lehti
- ½ tl kirvi
- ½ tl küüslaugu soola
- ½ tl musta pipart
- ½ tl Cayenne'i pipart
- ½ tl páprikat
- õli friteerimiseks

JUHISED:
a) Loputage jõevähk või krevetid külmas vees, nõrutage hästi ja pange vajadusel kõrvale. Klopi väikeses kausis lahti munad ja vein, seejärel jahuta.

b) Teises väikeses kausis segage Polenta, jahu, murulauk, küüslauk, tüümian, kirss, sool, pipar, Cayenne'i pipar ja paprika. Vispelda kuivained vähehaaval munasegu hulka, sega korralikult läbi. Katke saadud tainas kaanega ja laske seejärel 1–2 tundi toatemperatuuril seista.

c) Kuumutage õli Hollandi ahjus või fritüüris termomeetril temperatuurini 375 °F.

d) Kastke kuivad mereannid taignasse ja praege seda väikeste portsjonitena 2–3 minutit, muutes need läbivalt kuldpruuniks.

e) Eemaldage krevetid lõhikuga lusikaga ja nõrutage see mitmel kihil paberkäterätikutel põhjalikult. Serveeri kuumutatud vaagnal koos oma lemmikdipikastmega.

50.Õunaglasuuriga mereannivardad

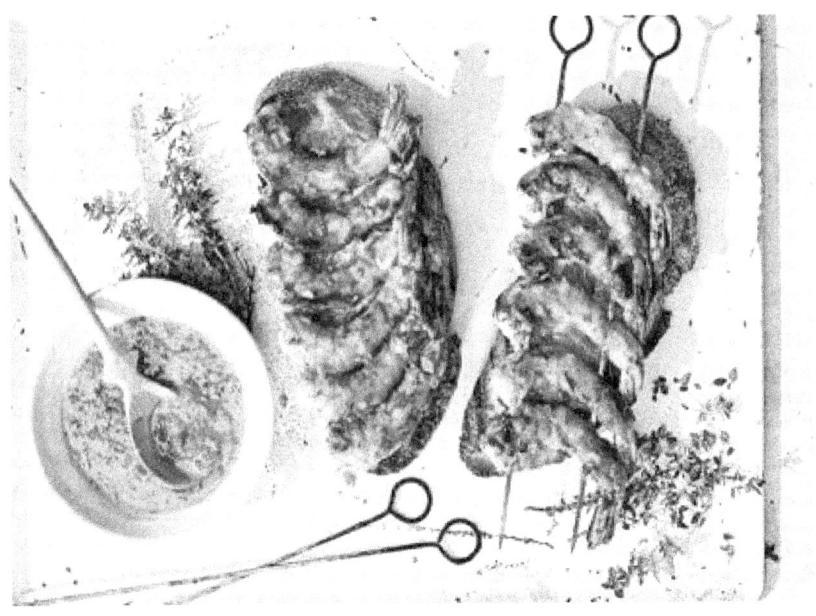

KOOSTISOSAD:
- 1 purk õunamahla kontsentraati
- 1 spl IGA võid ja Dijoni sinepit
- 1 suur magus punane paprika
- 6 segmenti peekon
- 12 merikammkarpi
- 1 nael kooritud krevette (umbes 36)
- 2 supilusikatäit kuubikuteks lõigatud värske petersell

JUHISED:

a) Keeda sügavas ja raskes kastrulis kõrgel kuumusel õunamahla kontsentraati 7 10 minutit või rohkem, kuni see on vähenenud umbes ¾ tassi. Tõsta tulelt, klopi sisse või ja sinep ühtlaseks massiks. Kõrvale panema. Lõika paprika pooleks. Eemaldage seemned ja vars ning lõigake paprika 24 tükiks. Lõika peekonisegmendid risti pooleks ja mähkige iga kammkarp peekonitüki sisse.

b) varras paprika, kammkarbid ja krevetid vaheldumisi 6 vardasse. Aseta vardad õliga määritud grillrestile. Grillige mõõdukalt kõrgel kuumusel 2–3 minutit, pestes õunamahla glasuuriga ja sageli keerates , kuni kammkarbid on läbipaistmatud, krevetid on roosad ja pipar pehmed. Serveeri peterselliga üle puistatud.

51.Krevettide spinati salatid

KOOSTISOSAD:
- 1 nael kooritud ja tükeldatud keedetud keskmise suurusega krevette
- 4 rohelist sibulat, õhukeselt viilutatud
- 3/4 tassi teravat tomatipeekoni salatikastet
- 1 pakk (6 untsi) värsket beebispinatit
- 1 tass hakitud porgandit
- 2 suurt kõvaks keedetud muna, viilutatud
- 2 viiludeks lõigatud ploomtomatit

JUHISED:

a) Küpseta sibulaid ja krevette koos salatikastmega suurel pannil keskmisel kuumusel, et need läbi kuumeneks, või 5–6 minutit.

b) Asetage võrdsed kogused spinatit 4 portsjonile. Tõsta peale tomatid, munad, porgandid ja krevetisegu. Serveeri kohe.

52.Kreveti suflee

KOOSTISOSAD:
- ½ naela Keedetud krevetid
- 3 viilu Värske ingveri juur
- 1 supilusikatäis šerri
- 1 teelusikatäis Sojakaste
- 6 Munavalged
- ½ teelusikatäit soola
- 4 supilusikatäit Õli
- 1 kriips Pipar

JUHISED:
a) Tükeldage keedetud krevetid ja hakkige ingverijuur; seejärel kombineeri šerri ja sojakastmega.
b) Vahusta munavalged soolaga vahuks ja kõvaks, kuid mitte kuivaks. Voldi sisse krevetisegu.
c) Kuumuta õli suitsetamiseni. Lisa kreveti-munasegu ja küpseta keskmisel-kõrgel kuumusel pidevalt segades, kuni munad hakkavad tarduma (3–4 minutit).

53.Ceviche Peruano

KOOSTISOSAD:
- 2 keskmist kartulit
- 2 iga maguskartulit
- 1 punane sibul, lõigatud õhukesteks ribadeks
- 1 tass värsket laimimahla
- 1/2 varssellerit, viilutatud
- 1/4 tassi kergelt pakitud koriandri lehti
- 1 näputäis jahvatatud köömneid
- 1 küüslauguküüs, hakitud
- 1 habanero pipar
- 1 näputäis soola ja värskelt jahvatatud pipart
- 1-naelne värske tilapia, lõigatud 1/2-tollisteks tükkideks
- 1 kilo keskmised krevetid - kooritud,

JUHISED:
a) Aseta kartulid ja bataat kastrulisse ning kata veega. Asetage viilutatud sibul sooja veega kaussi.

b) Segage seller, koriander ja köömned ning segage sisse küüslauk ja habanero pipar. Maitsesta soola ja pipraga, seejärel sega hulka kuubikuteks lõigatud tilapia ja krevetid

c) Serveerimiseks koori kartulid ja lõika viiludeks. Sega sibulad kalasegu hulka. Vooderda serveerimiskausid salatilehtedega. Tõsta kaussidesse lusikaga mahlast koosnev ceviche ja kaunista kartuliviiludega.

54. Cheddari fondüü tomatikastmega

KOOSTISOSAD:
- 1 küüslauguküüs, poolitatud
- 6 keskmist tomatit, seemnete ja kuubikutega
- 2/3 tassi kuiva valget veini
- 6 supilusikatäit. Või, kuubikuteks lõigatud
- 1-1/2 teelusikatäit. Kuivatatud basiilik
- Natuke Cayenne'i pipart
- 2 tassi riivitud cheddari juustu
- 1 supilusikatäis. Universaalne jahu
- Kuubikuteks lõigatud prantsuse leib ja keedetud krevetid

JUHISED:
a) Hõõru fondüüpoti põhja ja külgi küüslauguküünega.
b) Pange kõrvale ja visake küüslauk ära.
c) Sega suures kastrulis vein, või, basiilik, cayenne ja tomatid.
d) Kuumuta segu keskmisel-madalal tulel keemiseni, seejärel alanda kuumust madalale.
e) Sega juust jahuga.
f) Lisage tomatisegule järk-järgult, segades pärast iga lisamist, kuni juust on sulanud.
g) Vala Preparation fondüü potti ja hoia soojas.
h) Naudi krevettide ja saiakuubikutega.

55.Vürtsikas krevettide ja juustu dipikaste

KOOSTISOSAD:
- 2 viilud ilma lisatud suhkruta peekon
- 2 keskmine kollane sibul, kooritud ja kuubikuteks lõigatud
- 2 nelk küüslauk, hakitud
- 1 tass popkorn krevetid (mitte a paneeritud lahke), keedetud
- 1 keskmine tomat, kuubikuteks lõigatud
- 3 tassid hakitud Monterey tungraua juust
- 1/4 _ _ teelusikatäis Franki oma Punane kuum kaste
- 1/4 _ _ teelusikatäis Cayenne pipar
- 1/4 _ _ teelusikatäis must pipar

JUHISED:
a)   Küpseta a peekon sisse a keskmine pannil läbi keskmine soojust kuni karge, umbes 5–10 minutit. Hoidke määre sisse pann. Lama a peekon peal a paber rätik juurde lahe. Millal lahe, murenema a peekon koos sinu sõrmed.

b)   Lisama a sibul ja küüslauk juurde a peekon tilgad sisse a pannil ja hauta läbi keskmine-madal soojust kuni nad on pehme ja lõhnav, umbes 10 minutit.

c)   Kombineeri kõik koostisosad sisse a aeglane pliit; segage hästi. Küpseta kaetud peal madal seadistus 1–2 tundi või kuni juust on täielikult sulanud.

56.Part Gumbo

KOOSTISOSAD:
LAOS:
- 3 suurt või 4 väikest parti
- 1 gallon vett
- 1 sibul, neljandikku
- 2 ribi seller
- 2 porgandit 2 loorberilehte 3 t. soola
- 1 t. pipar

GUMBO:
- ¾c. jahu
- ¾c. õli
- 2 küüslauguküünt, hakitud
- 1 tass peeneks hakitud sibulat
- ½c. peeneks hakitud seller
- 1c. peeneks hakitud roheline paprika
- 1 nael okra lõigatud ¼" tükkideks
- 2 T. peekonimääre
- 1 nael toored, kooritud krevetid
- 1 pt. austrid ja liköör
- ¼c. hakitud petersell
- 2 c. keedetud riis

JUHISED:

a) Nahkpardid; keeda vees koos sibula, selleri, loorberilehtede, soola ja pipraga umbes 1 tund või kuni pardiliha on pehme. Tüvi; koorige kogu rasv ja reserveerige 3 neljandikku varu. Vajadusel lisage 3 liitrise puljongi valmistamiseks kana- või veiselihapuljongit. Eemaldage liha rümbalt ja tükkideks; laost tagasi. Puljongi võib valmistada eelmisel päeval enne gumbo valmistamist.

GUMBO KOHTA:

b) Tehke suures Hollandi ahjus jahu ja õliga tumepruun roux.

c) Lisa küüslauk, sibul, seller ja roheline pipar; praadige okra peekonirasvas, kuni kõik koor on kadunud, umbes 20 minutit; äravool. Supipotis soe puljong ja sega aeglaselt sisse roux ja köögiviljasegu.

d) Lisa okra; hauta kaane all 1½ tundi.

e) Lisa krevetid, austrid ja nende liköör ning küpseta veel 10 minutit. Sega juurde petersell ja tõsta tulelt.

f) Maitsesta õigesti ja serveeri kuuma ja koheva riisiga.

57.Pardi karri ananassiga

KOOSTISOSAD:
- 15 kuivatatud pikka punast tšillit
- 1 supilusikatäis valget pipart
- 2 tl koriandri seemneid
- 1 tl köömneid
- 2 tl krevetipastat
- 5 punast Aasia šalottsibulat, hakitud
- 10 küüslauguküünt, hakitud
- 2 sidrunheina vart, ainult valge osa, peeneks viilutatud
- 1 spl hakitud galangal
- 2 spl hakitud koriandrijuurt
- 1 tl peeneks riivitud kaffirlaimi koort
- 1 spl maapähkliõli
- 8 talisibulat, viilutatud diagonaalis 3 cm (1¼ tolli) pikkusteks viiludeks
- 2 küüslauguküünt, purustatud
- 1 Hiina praepart, hakitud suurteks tükkideks
- 400 ml (14 untsi) kookospiima
- 450 g (1 naela) konserveeritud ananassitükke siirupis, nõrutatud
- 3 kaffir laimi lehte
- 3 spl hakitud koriandri lehti
- 2 spl hakitud piparmünt

JUHISED:

a) Leota tšillit keevas vees 5 minutit või kuni need on pehmed. Eemaldage vars ja seemned, seejärel tükeldage.

b) Prae fooliumisse mähitud pipraterad, koriandriseemneid, köömneid ja krevetipastat pannil keskmisel-kõrgel kuumusel kuivalt 2–3 minutit või kuni lõhnavad. Lase jahtuda.

c) Purusta või jahvatage pipraterad, koriander ja köömned pulbriks.

d) Pane tükeldatud tšilli, krevetipasta ja jahvatatud maitseained koos ülejäänud karripasta koostisosadega köögikombaini või nuiaga uhmrisse ning töötle või tambi ühtlaseks pastaks.

e) Kuumuta vokkpann väga kuumaks, lisa õli ja keera külje katteks. Lisa sibul, küüslauk ja 2–4 supilusikatäit punast karripastat ning prae segades 1 minut või kuni lõhnavad.

f) Lisa praepardi tükid, kookospiim, nõrutatud ananassitükid, kaffir laimi lehed ning pool koriandrist ja piparmünt. Kuumuta keemiseni, siis alanda kuumust ja hauta 10 minutit või kuni part on läbi kuumenenud ja kaste veidi paksenenud.

g) Sega juurde ülejäänud koriander ja piparmünt ning serveeri.

58.BBQ pardi karri litšidega

KOOSTISOSAD:
- 1 tl valget pipart
- 1 tl krevetipastat
- 3 pikka punast tšillit, seemnetega
- 1 punane sibul, jämedalt hakitud
- 2 küüslauguküünt
- 2 sidrunheina vart, ainult valge osa, õhukeselt viilutatud
- 5 cm (2 tolli) tükk ingverit
- 3 koriandri juurt
- 5 kaffir laimi lehte
- 2 spl õli
- 2 tl jahvatatud koriandrit
- 1 tl jahvatatud köömneid
- 1 tl paprikat
- 1 tl jahvatatud kurkumit
- 1 Hiina grillpart
- 400 ml (14 untsi) kookoskreemi
- 1 supilusikatäis raseeritud palmisuhkrut (jaggery)
- 2 spl kalakastet
- 1 paks viil galangal
- 240 g (8½ untsi) konserveeritud õlgedest seeni, nõrutatud
- 400 g (14 untsi) konserveeritud litšid, pooleks lõigatud
- 250 g (9 untsi) kirsstomateid
- 1 peotäis Tai basiilikut, tükeldatud
- 1 peotäis koriandri lehti

JUHISED:

a) Prae fooliumisse mähitud pipraterad ja krevetipastat pannil keskmisel-kõrgel kuumusel kuivalt 2–3 minutit või kuni lõhnavad. Lase jahtuda.
b) Purustage või jahvatage pipraterad uhmris uhmriga uhmriga või vürtsiveskiga.
c) Pane purustatud pipraterad ja krevetid koos ülejäänud karripasta koostisosadega köögikombaini või nuiaga uhmrisse ning töötle või tambi ühtlaseks pastaks.
d) Eemalda pardiliha kontidelt ja tükelda hammustuse suurusteks tükkideks. Pane vormi pealt paks kookoskreem kastrulisse, lase aeg-ajalt segades keskmisel kuumusel kiiresti keema tõusta ja keeda 5–10 minutit või kuni segu 'lahtub' (õli hakkab eralduma).
e) Lisa pool karripastast, palmisuhkur ja kalakaste ning sega, kuni palmisuhkur on lahustunud.
f) Lisa part, galangal, õled, litšid, reserveeritud litšisiirup ja ülejäänud kookoskreem. Kuumuta keemiseni, seejärel alanda keemiseni ja küpseta 15–20 minutit või kuni part on pehme.
g) Lisa kirsstomatid, basiilik ja koriander. Maitsesta maitse järgi. Serveeri, kui kirsstomatid on veidi pehmenenud.

59.Grillitud karpide ceviche

KOOSTISOSAD:
- ¾ naela Keskmised krevetid, kooritud ja välja töötatud
- ¾ naela merikammkarbid
- ¾ naela lõhefilee
- 1 tass kuubikuteks lõigatud tomatid (1/2 tolli täringud)
- 1 tass kuubikuteks lõigatud mangot (1/2-tolline kuubik)
- 2 greipi, kooritud ja segmenteeritud
- 3 Apelsinit, kooritud ja segmenteeritud
- 4 laimi, kooritud ja segmenteeritud
- ½ tassi kuubikuteks lõigatud punane sibul (1/2-tolline kuubik)
- 2 Jalapenot, hakitud
- 4 tassi värsket laimimahla
- 1 tass hakitud koriandrit
- 2 supilusikatäit Suhkur
- Sool ja jahvatatud pipar

JUHISED:

a) Segage suures mittereaktiivses kausis kammkarbid, lõhe, krevetid, tomatid, mango, sibul, jalapeno ja laimimahl.

b) Marineerige, jahutage, 3 tundi.

c) Eemaldage marinaadist ja grillige kala ja karpe, täpselt nii kaua, et grillimisjäljed jääksid 30-60 sekundiks.

d) Lõika kõik kalad ½-tollisteks kuubikuteks.

e) Vahetult enne serveerimist nõrutage puuviljadest välja võimalikult palju laimimahla, lisage koriander, suhkur, karbid ja lõhe. Segage ettevaatlikult, et puuviljad ja kala ei puruneks.

60.Suvikõrvitsa kevadrullikausid

KOOSTISOSAD:
- 3 supilusikatäit kreemjat maapähklivõid
- 2 spl värskelt pressitud laimimahla
- 1 spl vähendatud naatriumisisaldusega sojakastet
- 2 tl tumepruuni suhkrut
- 2 tl sambal oeleki (jahvatatud värske tšillipasta)
- 1-naelised keskmised krevetid, kooritud ja tükeldatud
- 4 keskmist suvikõrvitsat, spiraalselt vormitud
- 2 suurt porgandit, kooritud ja riivitud
- 2 tassi hakitud lillat kapsast
- ⅓ tassi värskeid koriandri lehti
- ⅓ tassi basiiliku lehti
- ¼ tassi piparmündi lehti
- ¼ tassi hakitud röstitud maapähkleid

JUHISED:

a) MAAPÄHKLIKASTE: Vahusta maapähklivõi, laimimahl, sojakaste, pruun suhkur, sambal oelek ja 2–3 supilusikatäit vett väikeses kausis. Hoia külmkapis kuni 3 päeva, kuni oled serveerimiseks valmis.

b) Keeda krevetid suures potis keevas soolaga maitsestatud vees roosaks, umbes 3 minutit. Nõruta ja jahuta jäävee kausis. Nõruta hästi.

c) Jaga suvikõrvits toiduvalmistamise anumatesse. Tõsta peale krevetid, porgandid, kapsas, koriander, basiilik, piparmünt ja maapähklid. Säilib kaetult külmkapis 3-4 päeva. Serveeri vürtsika maapähklikastmega.

61.Kinoa ja krevettide salat

KOOSTISOSAD:
- 1 tass kinoa , keedetud
- ½ naela krevetid; keedetud; 1/2-tolliste täringutega
- ½ tassi värsket koriandrit; peeneks hakitud
- ¼ tassi värsket murulauku või rohelist sibulat
- 1 jalapeno pipar; hakitud
- 1 iga küüslauguküüs; hakitud
- 1 tl Sool
- ½ teelusikatäit Must pipar
- 3 supilusikatäit laimimahla
- 1 spl mett
- 1 spl sojakastet
- 2 supilusikatäit oliiviõli

JUHISED:
b) Kastmeks vispelda omavahel jalapeno, küüslauk, sool, pipar, laimimahl, mesi, sojakaste ja oliiviõli. Viska õrnalt läbi kinoa.
c) Maitsesta maitse järgi.

62.Pohmelli krevetid

KOOSTISOSAD:
- 32 untsi V-8 mahl
- 1 purk Õlu
- 3 Jalapeño paprika (või habaneros)
- 1 suur Sibul; hakitud
- 1 teelusikatäis soola
- 2 Küüslauguküünt; hakitud
- 3 naela s Krevetid; kooritud ja välja töötatud

JUHISED:
a) Pane kõik koostisosad, välja arvatud krevetid, suurde potti ja kuumuta keemiseni.
b) Lisa krevetid ja eemalda tulelt. Lase seista umbes 20 minutit. Nõruta ja jahuta krevetid.
c) Vormindanud ja katkestanud Carriej999@...

63.Pinwheel krevetirullid

KOOSTISOSAD:
- 5 suurt muna
- 1 spl salatiõli
- 1 nael toored krevetid; kestad, väljamõeldis
- 2 teelusikatäit soola
- ⅓ tassi peeneks kuivatatud leivapuru
- 1 tl peeneks hakitud värsket ingverit
- 1 munavalge
- ⅛ teelusikatäis kuuma pipra pulbrit
- ¼ teelusikatäit valget pipart
- 2 supilusikatäit vermutit
- ¼ tassi kana- või kalapuljongit
- 2 supilusikatäit peeneks hakitud talisibul; ainult valge osa
- ½ punast paprikat või pimiento kuubikuteks
- 1 väike porgand; hakitud
- 8 lumeherned; kuubikuteks lõigatud
- ¼ tassi austrikastet
- ¼ tassi kanapuljongit
- 1 spl sojakastet
- 1 spl Tabasco kastet
- 1 tl Jahvatatud värsket ingverit

JUHISED:
a) Vahusta 5 muna, kuni need on hästi segunenud. Pintselda tefloniga vooderdatud pann poole salatiõliga.
b) Kuumuta pann ja vala sisse pooled munad, keerates panni nii, et munad kataks panni põhja.
c) Küpseta munakreppi, kuni see on hangunud. Eemalda pannilt ja lase jahtuda. Korda.
d) Hõõru krevette 1 tl. soola ja pesta põhjalikult külma jooksva vee all. Nõruta krevetid ja patsuta kuivaks.
e) Haki krevetid köögikombaini sisse/välja keerates ja tõsta suurde mikserkaussi.
f) Segage ülejäänud sool, riivsai: ingver, munavalge, pipar, vermut, kana- või kalapuljong ja talisibul. Segage intensiivselt, kuni segu on segunenud.
g) Lisa kuubikuteks lõigatud lumihernes ja magus punane pipar või pimiento.
h) Määri ½ krevetisegu ühele munakrepile, peale pool hakitud porgandit ja rulli kokku. Korrake sama teise krepiga.
i) Aseta krevetirullid taldrikule aurutisse ja auruta 10min. Serveeri austrikastmega. auster

KASTE:
j) Sega omavahel, kuumuta potis ja serveeri soojalt koos krevetirullidega.

64. Pasta juustupesto krevettide ja seentega

KOOSTISOSAD:
- 1 (16 untsi) pakend linguine pasta
- 1 tass valmistatud basiiliku pestot
- 2 supilusikatäit oliiviõli
- 1 nael keedetud krevette, kooritud ja tükeldatud
- 1 väike sibul, hakitud
- 20 seeni, tükeldatud
- 8 küüslauguküünt, viilutatud
- 3 roma (ploom) tomatit, tükeldatud
- 1/2 tassi võid
- 2 supilusikatäit universaalset jahu
- 2 tassi piima
- 1 näputäis soola
- 1 näputäis pipart
- 1 1/2 tassi riivitud Romano juustu

JUHISED:

a) Lisage suures kastrulis kergelt soolaga maitsestatud keevasse vette pasta ja keetke umbes 8-10 minutit või kuni soovitud küpsuseni, kurnake hästi ja jäta kõrvale.

b) Kuumuta suurel pannil keskmisel kuumusel õli ja prae sibulat umbes 4-5 minutit.

c) Lisa või ja küüslauk ning prae umbes 1 minut.

d) Samal ajal sega kausis piim ja jahu ning vala pidevalt segades pannile.

e) Sega juurde sool ja must pipar ning küpseta segades umbes 4 minutit.

f) Lisa juust, pidevalt segades, kuni see on täielikult sulanud.

g) Segage pesto ja krevetid, tomatid ja seened ning küpseta umbes 4 minutit või kuni see on täielikult kuumenenud.

h) Lisa pasta ja viska katteks ning serveeri kohe.

65. Juustupesto krevetid pastaga

KOOSTISOSAD:
- 1 nael linguine pasta
- 1/3 tassi pestot
- 1/2 tassi võid
- 1 nael suured krevetid, kooritud ja tükeldatud
- 2 tassi rasket koort
- 1/2 tl jahvatatud musta pipart
- 1 tass riivitud parmesani juustu

JUHISED:

a) Lisa suures pannil kergelt soolaga maitsestatud keevasse vette pasta ja keeda umbes 8-10 minutit või kuni soovitud küpsuseni ning nõruta korralikult ja jäta kõrvale.

b) Vahepeal sulata või suurel pannil keskmisel kuumusel. Lisa koor ja must pipar ning küpseta pidevalt segades umbes 6-8 minutit.

c) Lisa juust ja sega, kuni see on hästi segunenud. Sega juurde pesto ja küpseta pidevalt segades umbes 3-5 minutit.

d) Lisa krevetid ja küpseta umbes 3-5 minutit. Serveeri kuumalt pastaga.

KRAB

66.Krabi muffinid

KOOSTISOSAD:
- ½ naela krabiliha (7 untsi purk)
- 1 pulgake margariin
- 1 purk vana inglise juustu
- ½ tl küüslaugu soola
- 2 supilusikatäit majoneesi
- ½ tl Maitsesta soola
- 6 inglise muffinit

JUHISED:
a) Sega omavahel kõik peale muffinite. Määri muffinitele. Lõika muffinid neljandikku.
b) Külmuta küpsiseplaadil. Pange kotti ja hoidke kuni vajaduseni sügavkülmas. Prae ja serveeri.

67. Krabi tortid

KOOSTISOSAD:
- 3 suurt muna, pekstud
- 1½ tassi lõssi
- ¾ tassi Šveitsi juustu, riivitud
- 2 spl toorjuustu, pehmendatud
- 1 spl Sibul, hakitud
- ¼ tassi peterselli, hakitud
- ½ tassi porgandit, hakitud
- 1 nael Tavalist krabiliha
- ½ tl muskaatpähkel
- ¼ teelusikatäit valget pipart
- 1 näputäis soola
- küpsetis 2 koorepiruka jaoks

JUHISED:
a) Rulli tainas õhukeseks ja lõika keeksivormiga 2" läbimõõduga ringid. Suruge taignaringid kergelt õlitatud hapukoorikuteks. Torgake tainast kahvliga.
b) Küpseta 5-7 minutit 450 kraadi juures. Eemaldage ahjust. Kõrvale panema.
c) Sega kokku ülejäänud koostisosad ja tõsta lusikaga hapukoortesse, täites ½ tolli koore peal
d) Küpseta 25 minutit 375 kraadi juures või kuni sisestatud hambaork tuleb puhtana välja.

68. Mereandide dip

KOOSTISOSAD:
- 1 tass helvestega krabiliha
- ½ tassi Cheddari juustu - hakitud
- ¼ tassi toorjuustu – pehmendatud
- ¼ tassi majoneesi
- ¼ tassi hapukoort
- ¼ tassi parmesani juustu - riivitud
- ¼ tassi rohelist sibulat - viilutatud
- 1 tl sidrunimahla
- ¼ teelusikatäit Worcestershire'i kastet
- ⅛ tl küüslaugupulbrit
- ¼ tassi leivapuru

JUHISED:
a) Sega kausis esimesed 10 koostisosa ühtlaseks massiks. Laota 9-tollisele pirukavormile.
b) Puista peale leivapuru. Küpseta kaanega 350 kraadi F juures 20 minutit või kuni mullimiseni
c) Avage kaas ja küpsetage veel 5 minutit. Serveeri kreekerite või toorete köögiviljadega.

AUSTRID

69. Austrikroketid

KOOSTISOSAD:
- ¼ tassi võid
- ¼ tassi universaalset jahu
- 1 tass piima
- soola
- Värskelt jahvatatud pipar
- 3 spl Võid
- 4 Hakitud šalottsibul
- 1 kilo hakitud seeni
- 24 Shucked & Patted kuiv austr
- (praadimiseks) taimeõli
- 3 muna
- Universaalne jahu
- 4 tassi Värsket leivapuru
- Vesikress
- Viilud sidruni

JUHISED:
a) Sulata ¼ tassi võid raskes keskmises kastrulis madalal kuumusel.
b) Klopi sisse ¼ tassi jahu ja sega 3 minutit. Vahusta piim ja lase keema. Alanda kuumust ja hauta aeg-ajalt segades 5 minutit. Maitsesta soola ja pipraga.
c) Sulata 3 supilusikatäit võid tugeval keskmisel pannil keskmisel-madalal kuumusel. Lisa šalottsibul ja küpseta kuni pehmenemiseni, aeg-ajalt segades, umbes 5 minutit. Lisa seened, suurenda kuumust ja küpseta, kuni kogu vedelik on aurustunud, aeg-ajalt segades umbes 10 minutit. Maitsesta soola ja pipraga. Sega seenesegu kastmesse. Lahe.
d) Kuumuta pann keskmisel-kõrgel kuumusel. Lisa austrid ja lase 2 minutit. Lahe.
e) Kuumuta õli 425 kraadini. fritüüris või suures suures kastrulis. Klopi munad lahti 1 spl taimeõliga. Pakkige kaste ümber iga austri, moodustades sigari kuju. Kalla sisse jahu, raputades üleliigne.
f) Kasta munasegusse. Veereta riivsaias. Prae portsjonitena kuni kuldpruunini, umbes 4 minutit. Eemalda lusikaga ja nõruta paberrätikutel.
g) Laota kroketid vaagnale. Kaunista kressi ja sidruniga.

70. Austri ja tomati bruschetta

KOOSTISOSAD:
- 1 Prantsuse baguette, viilutatud ja röstitud
- 2 tassi kirsstomateid, poolitatud
- 16 värsket austrit, pošeeritud või grillitud
- Tilgutamiseks palsamiglasuur
- Kaunistuseks värsked basiilikulehed

JUHISED:
a) Sega kausis kirsstomatid soola ja pipraga.
b) Asetage iga röstitud baguette viilu peale pošeeritud või grillitud austrid.
c) Tõsta lusikaga maitsestatud tomatid austritele.
d) Nirista peale balsamico glasuur ja kaunista värskete basiilikulehtedega.
e) Serveeri mõnusa bruschettana.

71. Austrite sushirullid

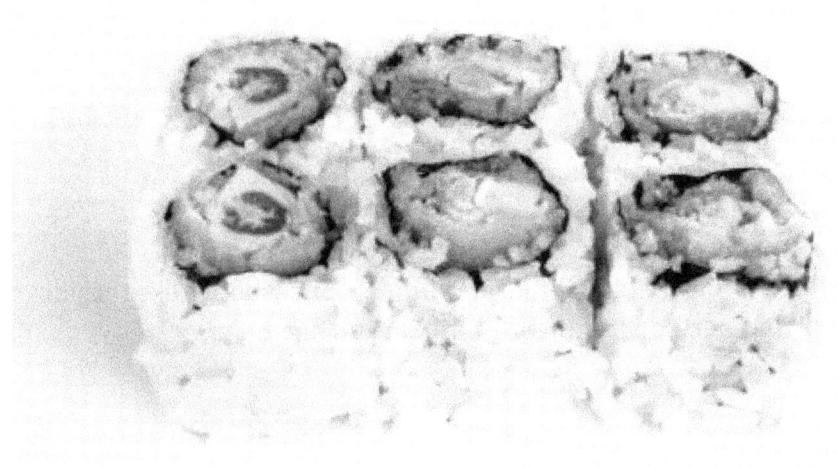

KOOSTISOSAD:
- 4 lehte nori (merevetikad)
- 2 tassi keedetud ja maitsestatud sushiriisi
- 16 värsket austrit, viilutatud
- 1 kurk, julieneeritud
- Dippimiseks sojakaste
- Serveerimiseks marineeritud ingver

JUHISED:
a) Aseta nori leht bambusest sushi rullimismatile.
b) Määri nori peale õhuke kiht sushiriisi.
c) Aseta riisile värskete austrite ja julieneeritud kurgi viilud.
d) Rulli sushi tihedalt rulli ja viiluta suupistesuurusteks tükkideks.
e) Serveeri sojakastme ja marineeritud ingveriga.

72. Austri ja sinihallitusjuust Crostini

KOOSTISOSAD:
- Baguette viilud, röstitud
- 16 värsket austrit, kergelt pošeeritud või grillitud
- 1/2 tassi sinihallitusjuustu, murendatud
- Mesi tilgutamiseks
- Kaunistuseks hakitud kreeka pähklid

JUHISED:

a) Aseta kergelt pošeeritud või grillitud austrid röstitud baguette'i viiludele.
b) Puista austritele peale murendatud sinihallitusjuust.
c) Nirista meega.
d) Kaunista hakitud kreeka pähklitega.
e) Serveeri elegantse hommikusöögikrostini.

73. Cajun praetud krevetid ja austrid

KOOSTISOSAD:
- 1 nael värskelt tükeldatud austreid
- 1 nael jumbo toored krevetid, kooritud ja tükeldatud
- 2 muna, eraldi kergelt lahti klopitud
- ¾ tassi universaalset jahu
- ½ tassi kollast maisijahu
- 2 tl Cajuni maitseainet
- ½ tl sidrunipipart

2 tassi taimeõli friteerimiseks

JUHISED:
a) Asetage austrid keskmisesse kaussi ja krevetid eraldi kaussi.
b) Nirista munad krevettidele ja austritele (1 muna kausi kohta) ja veendu, et kõik oleks kenasti kaetud. Asetage kausid küljele.
c) Lisage suurde lukuga sügavkülmakotti jahu, maisijahu, Cajuni maitseaine ja sidrunipipar. Raputage kotti, veendumaks, et kõik on hästi segunenud.
d) Lisage krevetid kotti ja raputage kattumiseks, seejärel eemaldage krevetid ja asetage need küpsetusplaadile. Nüüd lisa austrid kotti ja korda protsessi.
e) Kuumutage taimeõli fritüüris või pannil umbes 350–360 kraadini F. Prae krevette, kuni need on kuldpruunid, umbes 3–4 minutit. Seejärel prae austreid kuldpruuniks, umbes 5 minutit.
f) Asetage mereannid paberrätikuga vooderdatud taldrikule, et aidata osa liigsest õlist imada. Serveeri oma lemmikdipikastmega.

74. Praetud austrid

KOOSTISOSAD:
- 1 pint tükeldatud austreid, nõrutatud
- 1/2 tassi universaalset jahu
- 1/2 tl soola
- 1/4 tl musta pipart
- 1/4 tl Cayenne'i pipart
- 2 muna, lahtiklopitud
- 1 tass leivapuru
- Taimeõli, praadimiseks

JUHISED:
a) Vahusta madalas tassis jahu, sool, must pipar ja Cayenne'i pipar.
b) Klopi teises madalas tassis lahti munad.
c) Kolmandasse madalasse tassi asetage leivapuru.
d) Kasta iga austri esmalt jahusegusse, seejärel lahtiklopitud munadesse ja lõpuks riivsaiasse, raputades üleliigne maha.
e) Kuumutage taimeõli suurel pannil keskmisel-kõrgel kuumusel.
f) Prae austreid partiidena, umbes 2–3 minutit mõlemalt poolt või kuni need on kuldpruunid ja krõbedad.
g) Nõruta praetud austrid paberrätikuga vooderdatud taldrikul.
h) Serveeri kuumalt sidruniviilude ja tartarkastmega.

75. Auster ja habanero ceviche

KOOSTISOSAD:
- 8 Tükeldatud värsket austrit
- 1 spl hakitud koriandrit
- 1 supilusikatäis peeneks tükeldatud tomatit
- ¼ teelusikatäit Habanero püreed
- ½ apelsini; ülimuslik
- ¼ tassi värskelt pressitud apelsinimahla
- 1 spl Värskelt pressitud sidrunimahla
- Sool ja pipar

JUHISED:
a) Sega kõik koostisosad kausis kokku.
b) Maitsesta soola ja pipraga.
c) Serveeri austrikoore poolikutena.

76.Peekoni-austri hammustused

KOOSTISOSAD:
- 8 viilu Peekon
- ½ tassi Ürdiga maitsestatud täidis
- 1 purk (5 untsi) austrid; hakitud
- ¼ tassi Vesi

JUHISED:
a) Kuumuta ahi 350 ø-ni. Lõika peekoniviilud pooleks ja küpseta veidi. ÄRGE ÜLE KÜPETA.
b) Peekon peab olema piisavalt pehme, et saaks kergesti pallide ümber rullida. Sega täidis, austrid ja vesi.
c) Veereta hammustusesuurusteks pallideks, umbes 16.
d) Keera pallid peekonisse. Küpseta 350° juures 25 minutit. Serveeri soojalt.

77. Austrid ja kaaviar

KOOSTISOSAD:
- 2 naela merevetikad
- 18 austrit, poolkoorel
- 2 sibulat
- 2 untsi musta kaaviari
- 2 sidrunit

JUHISED:

a) Laota merevetikad lamedasse korvi. Asetage jahutatud austrid koorega merevetikatele. Viiluta talisibul õhukeselt rõngasteks.

b) Puista 2 või 3 tükki igale austrile. Täitke iga tilk kaaviari. Serveeri väga külmalt koos värskete õhukesteks viilutatud sidruniviiludega. Valage hästi jahutatud šampanjat.

78.Austrite kevadrullid

KOOSTISOSAD:
- 3 suurt kevadrulli ümbrist
- 6 vesikastanit, peeneks hakitud
- 1 viil ingverit, peeneks hakitud
- 3 peeneks hakitud kevadsibulat (ka rohelised sibulad)
- Paar tilka seesamiõli
- 1 tl lahjat sojakastet
- 24 austrit libisesid koore küljest lahti
- Taimeõli

JUHISED:
a) Lõika iga kevadrulli ümbris neljandikku.
b) Sega kausis peeneks hakitud vesikastanid, ingver ja talisibul. Lisa paar tilka seesamiõli ja lahjat sojakastet. Sega hästi.
c) Voldi austrid õrnalt sisse, tagades, et need oleksid hästi maitseainetega kaetud.
d) Jaga austrisegu ühtlaselt kevadrulli ruutude vahel.
e) Keerake iga kevadrull ettevaatlikult kokku, keerates küljed täidise katmiseks kokku. Pintselda ümbriste servi veega, et need tihendada.
f) Kuumuta sügaval pannil või potis praadimiseks ohtralt taimeõli.
g) Prae kevadrulle kuumas õlis 2-3 minutit või kuni need on kuldsed ja krõbedad.
h) Eemalda kevadrullid õlist ja nõruta need kortsutatud majapidamispaberil, et eemaldada liigne õli.
i) Serveeri austri kevadrulle kohe.
j) Nautige oma maitsvaid austri kevadrulle!

79.Tempura praetud austrid

KOOSTISOSAD:
- 12 värsket austrit
- Taimeõli, praadimiseks
- 1 tass universaalset jahu
- ½ tassi maisitärklist
- ½ tl soola
- 1 tass jääkülma vett
- Serveerimiseks sojakaste või tartarkaste
- Valikulised lisandid: seesamiseemned, roheline sibul või sidruniviilud

JUHISED:
a) Alustuseks koorige austrid ja eemaldage need koortest. Visake ära kõik austrid, mis on avatud või ei tundu värsked.
b) Loputage tükeldatud austrid külma vee all ja patsutage paberrätikutega kuivaks. Pange need kõrvale.
c) Kuumutage taimeõli fritüüris või suures potis temperatuurini umbes 350 °F (175 °C).
d) Segage segamiskausis universaalne jahu, maisitärklis ja sool. Lisa õrnalt segades vähehaaval jääkülma vett, kuni saavutad ühtlase taigna konsistentsi. Olge ettevaatlik, et mitte üle segada; pole midagi, kui on paar tükki.
e) Kastke iga auster taignasse, tagades, et see oleks ühtlaselt kaetud. Laske üleliigsel taignal maha tilkuda, enne kui asetate austri ettevaatlikult kuuma õli sisse.
f) Prae austreid partiidena, vältides fritüüri või potti ülerahvastatust. Küpseta neid umbes 2-3 minutit või kuni tempuratainas muutub kuldseks ja krõbedaks.
g) Kui austrid on küpsetatud, eemaldage need õlist lusika või tangide abil ja asetage need paberrätikutega vooderdatud taldrikule. See aitab absorbeerida liigset õli.
h) Korrake protsessi ülejäänud austritega, kuni kõik on keedetud.
i) Serveeri tempuras praetud austreid kuumalt eelroana või pearoana.
j) Võite nautida neid niisama või serveerida kastmiseks sojakastme või tartarikastmega.
k) Maitse ja kaunistuse lisamiseks puista peale seesamiseemneid või rohelist sibulat. Kõrvale võib tsitruselise maitse saamiseks serveerida ka sidruniviile.

80. Klassikalised austrid Rockefeller

KOOSTISOSAD:
- 24 värsket austrit, tükeldatud
- 1/2 tassi võid
- 1/2 tassi riivsaia
- 1/2 tassi riivitud parmesani juustu
- 1/4 tassi hakitud peterselli
- 2 küüslauguküünt, hakitud
- 1 spl sidrunimahla
- Sool ja pipar maitse järgi

JUHISED:
a) Kuumuta ahi temperatuurini 450 °F (230 °C).
b) Sulata pannil või ja prae küüslauku, kuni see lõhnab.
c) Lisa pannile riivsai, parmesan, petersell, sidrunimahl, sool ja pipar. Sega hästi.
d) Aseta tükeldatud austrid küpsetusplaadile.
e) Tõsta iga austrit riivsaiaseguga.
f) Küpseta 10-12 minutit või kuni kate on kuldpruun.
g) Serveeri kuumalt.

81. Oyster Laskurid

KOOSTISOSAD:
- 12 värsket austrit, tükeldatud
- 1 tass tomatimahla
- 1/4 tassi viina
- 1 spl kuuma kastet
- 1 spl mädarõigast
- Kaunistuseks sidruniviilud

JUHISED:
a) Sega kausis tomatimahl, viin, kuum kaste ja mädarõigas.
b) Asetage tükeldatud austri klaasi.
c) Kalla tomatimahla segu austrile.
d) Kaunista sidruniviiluga.
e) Serveeri jahutatult.

82. Austri ja peekoni pakitud eelroad

KOOSTISOSAD:
- 16 värsket austrit, tükeldatud
- 8 viilu peekonit, pooleks lõigatud
- Hambaorkid

JUHISED:

a) Kuumuta ahi temperatuurini 400 °F (200 °C).

b) Mähi iga tükeldatud austri poole peekoniviiluga ja kinnita hambatikuga.

c) Asetage peekonisse mähitud austrid ahjuplaadile.

d) Küpseta 12-15 minutit või kuni peekon on krõbe.

e) Serveeri kuumalt mõnusate peekonisse pakitud austrite eelroogadena.

83.Vürtsikas austrite dip

KOOSTISOSAD:
- 1 tass majoneesi
- 1/4 tassi kuuma kastet
- 1 spl sidrunimahla
- 1 tl Worcestershire'i kastet
- 16 värsket austrit, riivitud ja tükeldatud
- 1/4 tassi rohelist sibulat, hakitud
- Tortillakrõpsud või kreekerid serveerimiseks

JUHISED:

a) Sega kausis kokku majonees, kuum kaste, sidrunimahl ja Worcestershire'i kaste.

b) Sega juurde tükeldatud austrid ja roheline sibul.

c) Tõsta vähemalt 30 minutiks külmkappi, et maitsed seguneksid.

d) Serveeri vürtsikat austrite dippi koos tortillakrõpsude või kreekeritega.

84. Austri ja kurgi suupisted

KOOSTISOSAD:
- 16 värsket austrit, tükeldatud
- 1 kurk, õhukeselt viilutatud
- Toorjuust
- Kaunistuseks tillioksad
- Sidrunikoor

JUHISED:
a) Määri igale kurgiviilule toorjuustu.
b) Aseta toorjuustu peale tükeldatud austr.
c) Kaunista tilliokste ja sidrunikoorega.
d) Serveeri värskendavate suupistetena.

85.Austri ja mango kaste tostadas

KOOSTISOSAD:
- 16 värsket austrit, tükeldatud
- 8 väikest tostada kesta
- 1 tass mangot, tükeldatud
- 1/2 tassi punast sibulat, peeneks hakitud
- 1/4 tassi koriandrit, tükeldatud
- Kaunistuseks laimiviilud

JUHISED:
a) Asetage tükeldatud austrid igale tostada kestale.
b) Sega kausis tükeldatud mango, punane sibul ja koriander.
c) Tõsta lusikaga mangokastet austrite peale.
d) Kaunista laimiviiludega.
e) Serveeri erksate tostada eelroogadena.

86.Auster ja Pesto Crostini

KOOSTISOSAD:
- Baguette viilud, röstitud
- 16 värsket austrit, tükeldatud
- Pesto kaste
- Kirsstomatid, poolitatud
- Tilgutamiseks palsamiglasuur

JUHISED:
a) Määri igale röstitud baguette'i viilule kiht pestokastet.
b) Aseta pesto peale tükeldatud austr.
c) Kaunista poolitatud kirsstomatitega.
d) Nirista peale balsamico glasuur.
e) Serveeri maitsva pesto crostini.

87.Austri ja peekoni Jalapeño Poppers

KOOSTISOSAD:
- 16 värsket austrit, tükeldatud
- 8 jalapeño paprikat, poolitatud ja seemnetest puhastatud
- Toorjuust
- 8 viilu peekonit, pooleks lõigatud
- Hambaorkid

JUHISED:
a) Kuumuta ahi temperatuurini 375 °F (190 °C).
b) Määri iga jalapeño poole sisse toorjuustu.
c) Aseta toorjuustu peale tükeldatud austr.
d) Mähi iga jalapeño poole peekoniviiluga ja kinnita hambatikuga.
e) Küpseta 20-25 minutit või kuni peekon on krõbe.
f) Serveeri kuumalt vürtsikate austri-jalapeño popperitena.

88. Austri ja mango guacamole

KOOSTISOSAD:
- 16 värsket austrit, riivitud ja kuubikuteks lõigatud
- 2 küpset avokaadot, püreestatud
- 1 mango, tükeldatud
- 1/4 tassi punast sibulat, peeneks hakitud
- 1/4 tassi koriandrit, tükeldatud
- Laimi mahl
- Tortillakrõpsud serveerimiseks

JUHISED:
a) Sega kausis tükeldatud austrid, püreestatud avokaadod, tükeldatud mango, punane sibul ja koriander.
b) Pigista segule laimimahl ja sega korralikult läbi.
c) Serveeri austri- ja mangoguacamole koos tortillakrõpsudega.

89. Austri- ja kitsejuustutäidisega seened

KOOSTISOSAD:
- 16 värsket austrit, tükeldatud
- 16 suurt seeni, puhastatud ja varred eemaldatud
- 4 untsi kitsejuustu
- 2 spl riivsaia
- Kaunistuseks värsked tüümianilehed
- Oliiviõli niristamiseks

JUHISED:
a) Kuumuta ahi temperatuurini 375 °F (190 °C).
b) Sega kausis kitsejuust ja riivsai.
c) Täida iga seen kitsejuustuseguga.
d) Asetage iga täidetud seene peale tükeldatud austr.
e) Nirista peale oliiviõli.
f) Küpseta 15-20 minutit või kuni seened on pehmed.
g) Kaunista värskete tüümianilehtedega.
h) Serveeri soojalt.

MEREKARPS

90.Merekarp dip

KOOSTISOSAD:
- ⅓ tassi Heinzi tomatiketšupit
- 1 pakk (8 untsi) toorjuustu; pehmendatud
- 1 tl Värske sidrunimahl
- ⅛ teelusikatäis küüslaugupulbrit
- 1 purk (6,5 untsi) hakkkarpe; kuivendatud

JUHISED:
a) Sega ketšup järk-järgult toorjuustu hulka.
b) Lisa sidrunimahl, küüslaugupulber ja karbid. Katke ja jahutage.

91. Küpsetatud täidetud karbid

KOOSTISOSAD:
- 1 purk Hakitud karbid
- 1 pulk sulatatud margariini
- 4 supilusikatäit merekarbi puljongit
- Näputäis küüslaugu soola
- 3 tassi Ritzi kreekeripuru
- 1 spl šerrit
- ½ tl Worcestershire'i kastet

JUHISED:
a) Nõruta karbid, jättes 4 sl vedelikku. Sega kõik ained omavahel ja täida karbid.
b) Küpseta 350 kraadi juures 15 minutit. Kui teil pole kestasid, küpsetage väikeses ahjuvormis 20–25 minutit ja serveerige kreekeritel.

92.Konserveeritud merekarbi fritüürid

KOOSTISOSAD:
- 1 muna; hästi pekstud
- ½ teelusikatäit soola
- ⅛ teelusikatäis musta pipart
- ⅔ tassi valget nisujahu
- 1 tl Küpsetuspulber
- ¼ tassi konserveeritud merekarbi puljongit
- 1 spl Võid; sulanud
- 1 tass hakitud konserveeritud karbid
- Õli või selitatud või
- ¼ tassi hapukoort või jogurtit
- 1 tl tilli; estragon või tüümian

JUHISED:
a) Sega kõik koostisosad õrnalt kokku, viimasena lisa karbid. Tõsta 2 kuhjaga supilusikatäit fritüüri kohta kuumale määritud küpsetusplaadile või pannile.
b) Kui mullid purunevad, keerake fritüürid ümber.
c) Serveeri soojalt ürdi-hapukoore, jogurti või tartarikastmega.

93.Karbid pallid

KOOSTISOSAD:
- 3 6 1/2 untsi purki hakklihakarpe nõrutatud d
- 3 varssellerit, hakitud
- 1 sibul, hakitud
- Sool ja pipar maitse järgi
- 6 kõvaks keedetud muna, tükeldatud
- ½ naela Niisket leivapuru
- Õli friteerimiseks

JUHISED:
a) Lisage merekarbi mahlale 2 tassi valmistamiseks piisavalt vett. Asetage 1½ tassi merekarbi mahla, sibulat ja sellerit kastrulisse; hauta, kuni seller on pehme.
b) Lisage sellerile karbid, sool ja pipar; hauta 10 minutit. Lisage sibulasegule munad, ülejäänud merekarbi mahl ja riivsai.
c) Kui see on käsitsemiseks piisavalt jahtunud, vormi väikesteks pallideks; külmkapis, kuni see on hästi jahtunud.
d) Kuumuta õli fritüüris 350 kraadini. Prae merekarbipallid kuldpruuniks.
e) Nõruta paberrätikutel; serveeri kohe koos hambaorkidega.

KAMMKARP

94.lahe kammkarp ceviche

KOOSTISOSAD:
- 1½ tl jahvatatud köömneid
- 1 tass värsket laimimahla
- ½ tassi värsket apelsinimahla
- 2 naela lahe kammkarbid
- 1 kuum punane tšillipipar; peeneks hakitud
- ¼ tassi punane sibul; peeneks hakitud
- 3 küpset ploomtomatit; külvatud ja hakitud
- 1 punane paprika; külvatud ja hakitud
- 3 rohelist sibulat; hakitud
- 1 tass hakitud värsket koriandrit
- 1 laim; viilutatud, kaunistamiseks

JUHISED:
a) Sega köömned laimi- ja apelsinimahla hulka ning vala kammkarpidele.
b) Sega juurde hakitud tšillipipar ja punane sibul. Kata kaanega ja pane vähemalt 2 tunniks külmkappi.
c) Vahetult enne serveerimist kurna kammkarbid ja sega hakitud tomatite, paprika, rohelise sibula ja koriandriga. Kaunista laimiviiludega.

95. Bourboni-peekoni kammkarbid

KOOSTISOSAD:
- 3 supilusikatäit hakitud rohelist sibulat
- 2 supilusikatäit Bourbon
- 2 supilusikatäit vahtrasiirupit
- 1 spl madala naatriumisisaldusega sojakastet
- 1 spl Dijoni sinepit
- ¼ teelusikatäit pipart
- 24 suurt merikammkarpi
- 6 viilu Türgi peekonit; 4 untsi
- Toiduvalmistamise pihusti
- 2 tassi keedetud riisi

JUHISED:
a) Kombineerige kausis esimesed 6 koostisosa; sega põhjalikult. Lisa kammkarbid, sega õrnalt, et katta oleks. Kata ja marineeri külmkapis 1 tund, aeg-ajalt segades.

b) Eemaldage kammkarbid kausist, jättes marinaadi alles. Lõika iga peekoniviil 4 tükiks. Mähi peekonitükk iga kammkarbi ümber

c) Keerake kammkarbid 4 (12-tollise) vardasse, jättes kammkarpide vahele ruumi, et peekon küpseks.

d) Asetage vardad küpsetuspritsiga kaetud broileripannile; hauta 8 minutit või kuni peekon on krõbe ja kammkarbid valmis, loputades aeg-ajalt marinaadiga

96.Karamelliseeritud merikammkarbid

KOOSTISOSAD:
- 12 merikammkarpi, pooleks lõigatud
- 2 untsi portveini
- 1 unts vasikaliha puljong
- ½ tassi rannakarpide puljongit
- 1 unts võid, soolamata
- 2 tl Tükeldatud trühvlit
- 2 tl trühvlimahla
- 1 spl sarapuupähkliõli
- 12 tk beebiporgandit, glasuuritud
- 4 untsi spinatit, praetud võiga

JUHISED:
a) Aja portvein tulele ja lisa vasikalihapuljong, rannakarpide puljong ning kuumuta keemiseni ja vähenda kolmandiku võrra.
b) Monte ühe untsi võiga ja viimasel hetkel lisa trühvlimahl ja tükeldatud trühvlid. Prae kammkarbid sarapuupähkliõlis kõrgel kuumusel kuldpruuniks.
c) Laota taldrikule garneering ja kammkarbid ning vala taldrikule kaste.

VÄHID

97. Cajuni stiilis vähikeetmine

KOOSTISOSAD:
- Elus vähid (nii palju kui vaja)
- 5 gallonit vett
- 1 tass Cajuni maitseainet
- 1 tass soola
- 1 tass terveid musta pipra tera
- 1 tass küüslauguküünt
- 6 sidrunit, poolitatud
- 1 tass kuuma kastet (maitse järgi)
- Maisitõlvik
- Punased kartulid

JUHISED:
a) Täida suur pott veega ja lase keema tõusta.
b) Lisa keeduvette Cajuni maitseaine, sool, pipraterad, küüslauk, sidrunid ja kuum kaste.
c) Lase segul 10-15 minutit podiseda, et maitsed sulaksid.
d) Lisa potti vähid, maisitõlvikud ja punased kartulid.
e) Küpseta umbes 5-7 minutit või kuni vähid muutuvad erkpunaseks ja kartulid on pehmed.
f) Nõruta vesi ja laota sisu suurele ajalehega kaetud lauale.
g) Serveeri täiendava Cajuni maitseaine ja sidruniviiludega.

98.Küüslauguvõi vähid

KOOSTISOSAD:
- Elus vähid
- 1/2 tassi võid
- 4 küüslauguküünt, hakitud
- 1 spl hakitud värsket peterselli
- Sool ja pipar maitse järgi
- Serveerimiseks sidruniviilud

JUHISED:
a) Auruta või keeda vähki, kuni need on küpsed. Murra kestad ja eemalda liha.
b) Sulata pannil või keskmisel kuumusel ja prae hakitud küüslauk lõhnavaks.
c) Lisa pannile vähiliha ja viska küüslauguvõiga katteks.
d) Puista peale hakitud petersell, sool ja pipar. Küpseta veel 2-3 minutit.
e) Serveeri sidruniviiludega.

99.Vähipasta

KOOSTISOSAD:
- Keedetud vähisabad, kooritud
- 8 untsi linguine või fettuccine
- 2 spl oliiviõli
- 4 küüslauguküünt, hakitud
- 1/2 tassi kirsstomateid, poolitatud
- 1/4 tassi valget veini
- 1/4 tassi kana- või köögiviljapuljongit
- Punase pipra helbed (valikuline)
- Sool ja must pipar maitse järgi
- Värske petersell, hakitud, kaunistuseks

JUHISED:
a) Keeda pasta vastavalt pakendi juhistele.
b) Kuumuta suurel pannil keskmisel kuumusel oliiviõli. Lisa hakitud küüslauk ja hauta kuni lõhnab.
c) Lisa pannile vähisabad ja kirsstomatid. Küpseta 2-3 minutit.
d) Vala peale valge vein ja puljong ning lase 5 minutit podiseda.
e) Maitsesta punaste piprahelveste (kui kasutate), soola ja musta pipraga.
f) Viska keedetud pasta pannile ja määri peale vähiseguga.
g) Kaunista värske peterselliga ja serveeri.

100. Vähi Etouffee

KOOSTISOSAD:
- 1 lb vähisabad, kooritud
- 1/2 tassi võid
- 1/2 tassi universaalset jahu
- 1 sibul, peeneks hakitud
- 1 paprika, tükeldatud
- 2 sellerivart, tükeldatud
- 3 küüslauguküünt, hakitud
- 2 tassi kana- või köögiviljapuljongit
- 1 purk (14 untsi) kuubikuteks lõigatud tomateid
- 1 spl Worcestershire'i kastet
- 1 tl Cajuni maitseainet
- Serveerimiseks keedetud valge riis

JUHISED:
a) Suurel pannil sulatage või keskmisel kuumusel. Segage roux'i valmistamiseks jahu ja küpseta, kuni see muutub kuldpruuniks.
b) Lisa pannile hakitud sibul, paprika, seller ja küüslauk. Küpseta, kuni köögiviljad on pehmenenud.
c) Lisage järk-järgult kana- või köögiviljapuljong, pidevalt segades, et vältida tükkide tekkimist.
d) Segage kuubikuteks lõigatud tomatid, Worcestershire'i kaste ja Cajuni maitseained. Hauta 10-15 minutit.
e) Lisa vähisabad ja küpseta, kuni need on läbi kuumenenud.
f) Serveeri etouffee keedetud valge riisiga.

KOKKUVÕTE

Kui lõpetame oma ookeanireisi läbi " Täielik Karbade Kokaraamat ", loodame, et olete kogenud karpide mitmekesise ja nauditava maailma uurimise rõõmu. Iga retsept nendel lehtedel tähistab soolaseid, magusaid ja soolaseid maitseid, mis iseloomustavad neid veealuseid aardeid – see annab tunnistust kulinaarsetest võimalustest, mida karbid pakuvad.

Olenemata sellest, kas olete nautinud täiuslikult tükeldatud austrite lihtsust, grillitud krevettide mitmekülgsust või nautinud dekadentlikke homaariroogasid, usume, et need retseptid on sütitanud teie kire luua meeldejäävaid ja suussulavaid koorikloomi. Lisaks koostisosadele ja tehnikatele võib " Täielik Karbade Kokaraamat " saada inspiratsiooniallikaks, ühenduseks ookeanide halastusega ja iga karpide loominguga kaasneva rõõmu tähistamiseks.

Kui jätkate karpide köögi maailma avastamist, olgu see kokaraamat teie usaldusväärne kaaslane, juhatades teid läbi erinevate retseptide, mis tutvustavad nende ookeanirõõmude rikkust ja mitmekülgsust. Siin saate nautida soolast värskust, luua kulinaarseid meistriteoseid ja nautida iga suupistega kaasnevat maitset. Head kokkamist!

www.ingramcontent.com/pod-product-compliance
Lightning Source LLC
Chambersburg PA
CBHW071324110526
44591CB00010B/1011